世界要完蛋了，我卻還要工作？

DIE WELT GEHT UNTER, UND ICH MUSS TROTZDEM ARBEITEN?

莎拉·韋柏——著　麥德文——譯

SARA WEBER

—— 導讀 ——

當工作長成怪物，人類能如何？

哲學作家 朱家安

大多數人不喜歡工作。雖然一定會有人抗議說，是工作讓他過得充實有意義，並指出許多退休人士避免空虛的方式就是去做志工，不過我聽過一個說法「如果工作真的那麼棒，那就是你付錢讓公司讓你去工作，而不是倒過來」[1]。確實，做志工沒薪水，但要是你現在的工作沒薪水，你還願意做嗎？

1 這說法可能來自漫畫家亞當斯（Scott Adams）。

這就是我們跟財富自由的人之間的差別，而大部分工作在金錢之外的價值，顯然沒有高到讓人願意無償去做。

然而，工作也是現代人類生活的核心預設：要是你是正常人，那在這輩子裡，要嘛你已經退休、不需要再工作，要嘛你正在工作，要嘛你正在找工作，要嘛你正在為成為一個找得到工作的人做準備。有時候這種準備在你出生前就已經開始，伴隨著胎教和精選音樂。在過去性別分工僵固的「男主外、女主內」時代，有一半人口看起來沒工作，但其實他們有工作，只是沒薪水。

而且，在大部分的階段，你往往需要當下或未來的工作來定義自己。認識新朋友，人們常用工作來自我介紹，我不會說我是「魂系玩家」[2]，而是說我是作家和講者，主要領域是哲學。在我出社會之前，則介紹自己是念哲學系的，而若有人對這答案有疑惑，也不會是因為它不準確，而是它似乎顯示我將來可能找不到工作（幸好我有找到！）。

對我們來說，工作如此天經地義，根本不會去想，如果不工作，我們還能如何。然而工作並沒有看起來那麼簡單，「辦事拿錢」只是冰山一角，往下挖，可以看到工作如何和文化生活盤根錯節，並且影響或阻礙人類活出美好人生。例如：

資本主義讓工作缺乏意義：馬克思主張，工業化和資本主義改變了工作樣貌，讓勞工更難從工作獲得意義。在《狗屁工作》裡，人類學家格雷伯（David Graeber）進一步說明，資本主義社會如何產生各種毫無意義的工作，並且威脅從業人員的身心。

但你又得用工作證明自己：在《成功的反思》裡，哲學家桑德爾（Michael Sandel）警告我們，社會已經改變我們衡量自身價值的方式，讓我們傾向於用主流成就來評價彼此，在這種不幸的處境中，你的工作在社會鄙視鏈上的位

2 我熱衷於遊玩「魂系遊戲」，也就是日本遊戲公司 FromSoftware 製作的一系列動作角色扮演遊戲，包括《黑暗靈魂》三部曲、《血源詛咒》和《艾爾登法環》。

置至關重要。

資本主義開始暴走：在《哲學能做什麼？》裡，哲學家葛汀（Gary Gutting）指出資本主義讓企業必須持續營利競爭，否則就會倒閉。然而，當企業使用計畫性汰舊、廣告操弄欲望等方式來賺錢，我們也離理想的資本主義更遠。在這些情況下，市場不再傾向於服務人類，而是操弄人類來維持自己的運轉。

工作不會消失：除非出現政治上的巨大改變，否則工作和上述文化都不會消失，這不是因為人類真的需要工作，而是因為人類無法阻止資本主義暴走。在《人生4千個禮拜》裡，作家柏克曼（Oliver Burkeman）討論技術進展後人類工時不減反增，通訊軟體和生產力軟體理當減少人類的工時，但往往帶來反效果。

觀念上，人類必須工作：面臨ＡＩ崛起，歷史學家哈拉瑞（Yuval Noah Harari）[3]和作家布雷格曼（Rutger Bregman）[4]都考慮全民基本收入和更短的工時。但這些倡議遇到的一大阻礙，就是「你不工作憑什麼拿錢」的既有觀念。這相當荒謬，人類創造機器和ＡＩ，最終理想不就是為了讓自己有天可以不再工作嗎？

人類的生產力越來越高，工時也越來越高，這現況完全沒道理，而且不能期待那些在資本主義裡被逼迫持續競爭的企業基於市場考量去促成改變。人類需要意識到自己討生活的方式出了問題，並且對於改變具有足夠想像力，才有機會突破困境。

韋柏（Sara Weber）的新書《世界要完蛋了，我卻還要工作？》值得一讀，就是因為它提供了這一刻我們需要的觀察和眼界。

在本書第一部分，韋柏描述了人類的「倦怠」現況，現代人無法從工作

3 Yuval Noah Harari, "The meaning of life in a world without work.", 2017.
4 羅格・布雷格曼，《改變每個人的3個狂熱夢想》，二〇一八。

獲得動力和意義，而且他們的時間和氣力被工作耗盡，無法做其他充實和快樂的事。那些協助人類輕鬆工作的工具和技術，我們現在手上掌握的比歷史上任何人類都要多，但我們還是累成這樣，簡直匪夷所思。我們人類不是很聰明嗎？要不是夠多人做錯了夠多事，怎麼會落到如此境地？

在本書第二部分，韋柏討論各種有機會改變現況的破口：我們有機會減少工時嗎？在家工作、隨地工作會有幫助嗎？勞工運動呢？人力資源上的DEI[5]考量呢？然後，性別平等和這有關聯嗎？

韋柏的討論相當具體，例如，就算企業開放隨地工作，員工依然可能擔心印象分數影響升遷，每天乖乖進辦公室，因此韋柏介紹「護欄」和「界線」這對概念，提醒企業說，在嘗試這些新做法時，得要主動創造護欄，別讓員工必須捍衛自己的界線。

又例如「屏障權」，用來保護員工在下班時間不受到公事訊息、郵件和電話打擾。當科技滲透生活，使用科技的企業也有本事滲透生活，要改變人類倦怠的現況，我們不但需要新的社會規約，也需要新的社會文化。

還有「便利性」。我們臺灣人時常自豪於臺灣社會的各種方便，我們有不打烊的便利商店、便宜又有效率的大眾運輸和快遞服務。韋柏則提醒我們天下沒有白吃的午餐，當一個社會在某個地方非常方便，這往往是因為某些人受到壓榨，在惡劣環境下工作。工作和生活一體兩面，我們的生活已經因為工作大幅改變，當我們要改變工作樣態，讓人類整體更自由和幸福，這些改變不會總是免費的。

對許多人來說，工作已經長成痛苦的源頭，但現代社會的資源分配方式和社會觀念又讓我們無法脫離工作。要理解困境並改變困境，韋柏這本書提供了最基本的分析和想像。

5 多元、公平和包容，是一種組織構建的理念。其中多元（Diversity）通常指支持成員組成具有多樣性，公平（Equity）通常指給組織成員提供公平公正的機會，包容（也稱共融，Inclusion）通常指組織成員能被傾聽、被尊重。

獻給我的雙親

「你不是你的工作，你就是你。」

——東妮・莫里森（Toni Morrison）

「我當然不會把珍貴的夢想浪費在工作上。」

——艾莉・安（Ally Ang）

Contents

PART 2

引言

我著手寫作這本書的時候，危機正接踵而來：二〇二二年，新冠肺炎尚未消失，歐洲發生戰爭，氣候危機越來越明顯——即使我們「才不過」面對全球暖化一點二度。乾旱及洪水氾濫交替發生，整片土地被沖蝕。通貨膨脹、猴痘、核子戰？二〇年代至今有如難以下嚥的危機三明治。我們其實必須盡一切努力化解危機，但我們卻只是如往常繼續工作。

我初次下意識真正感覺到這種荒謬是在我們因新冠肺炎首度封城時，二〇二〇年五月，全球疫情的一切都是前所未見，我們不知道我們將面臨什麼。我們周遭一切都封閉起來，我也只在採購日常用品和散步的時候才出門。

本該是放下一切的時刻，對吧？但是我卻工作得比從前都多，整天都在開會，我根本沒有時間停下來，看清發生什麼事。就連我的休閒時間也被工作吃掉了，即使終於有一點休息時間，看起來卻嚇人地和工作時間相似：視訊開會討論目前的工作企劃之後，是和朋友們視訊的歡樂時光。對我和其他許多人而言，生活退縮到自己的公寓裡面，在筆電前面，工作和生活融為一體。工作與生活平衡？忘了這回事吧。

這是工作世界的一面，另一面突然間叫做「系統相關」（System relevant），在其中工作的人們冒著健康和生命危險，為了讓所有的人繼續採買食物和製造垃圾，在醫院裡接受治療和拿藥，為了讓生活繼續。起初我們還從陽台對醫療人員鼓掌致意，乖乖戴上自己縫製的口罩，但不知何時起掌聲漸漸稀微。許多人受夠了在家上課，還有所有那些視訊會議，以及第十二回討論施打疫苗。我們再也不說起自己的事，因為沒人有任何體驗——除了工作。

正當我們感到希望，這一切也許即將過去的時候，戰爭爆發了。我還記得我在二〇二二年二月二十四日早上是怎麼醒來的，這時我真正意識到一切崩壞到什麼程度。我望著手機，那天晚上俄國攻擊了烏克蘭，這場我們都希望能有轉圜餘地的歐洲戰爭，它發生了，電視上看得到坦克和爆炸，絕望的人們躲在地下鐵隧道裡，試著逃出烏克蘭。我大受震撼，感到悲傷和憤怒，我想提供協助卻感到無力。然後我反射性地坐到書桌邊，好準備一場工作坊，一邊想著：我究竟在這裡幹什麼？周遭的一切似乎都要分崩離析，我們卻只是繼續工作，工作到筋疲力竭。對我們而言，工作以其如今的樣貌再也無法繼續發揮作用，它讓我們疲累，消耗殆盡。

我們感到疲勞、壓力沉重和筋疲力竭，這一切都不是新鮮事。新冠肺炎不是唯一導致目前景況的理由，但是這場全球疫情就像是種催化劑，讓一切變本加厲。突然間我們察覺，從前我們不那麼想確實認知的事情：我們的工作世界有大問題，但是我們那樣疲憊，無法思考改變之道。我們深陷疲累的泥淖當中無法擺脫，因為我們被左右我們生活的全球疫情、氣候危機、戰爭及其他災難混在一起困住了。

根據世界衛生組織的官方定義，倦怠被描述為「未有效管理的工作場所慢性壓力所導致的症候群」，聽起來就像我們過去幾年生活的正式描述。倦怠的人覺得筋疲力竭，沒有活力。職業的效應降低：我們不斷工作，但幾乎創造不出什麼。和工作的精神距離擴大，負面情緒同樣加重，結果之一可能是犬儒主義。

長久以來我們都被勸說要為自己的疲憊負責，只要更努力鍛鍊身體就好。我們在氣候危機下看著一切都被歸咎於自我責任：問題不在於能源企業集團和他們的遊說行為，不在政治和經濟，不，你才是問題，因為你用紙杯喝咖啡。要是你帶著可以重複使用的環保杯，問題就解決了。工作世界也是這樣：你賺得太少？你要是不當護理人員就好了！雖然公司在週五不安排會議，還提供韌性工作坊，但你還是壓力大？一定是你有問題。泡個澡，然後你就能重新感到放鬆了。

但是自我照料不是我們的救贖，我們需要——就像在氣候危機下——一起盡最大努力，以及系統性的改變，唯有如此才能治癒我們的集體倦怠，唯有如此，我們才有機會創造一個以人性和公平正義為核心的工作世界。唯有如此，長久以來伴隨著我們的那種感覺才會消失。

這不是一本談論「新工作」（New Work）的書，也不討論經常脫口而出的靈活性或者機會管理，而是談論比較大的一些問題：什麼讓我們疲憊至此？我們如何才能重新修復工作世界？美國這幾年發生「大離職潮」，這樣的現象後面隱藏著什麼？我們要如何才能以不同方式工作？我們所有的人，做為一個社會，在其中扮演何種角色？

我們一再聽說現在進入新常態（The New Normal）。但是舊常態對我們早就無效，憑什麼新常態就會比較好，而非只是數位化的舊常態？而且也不是我們彈彈手指，一切就會突然變得嶄新而且不同。真正的改變需要時間，不會從這一刻跳到下一刻。這對我們是個機會：我們（以及我們之前的幾個世代）建構起舊的工作世界，難道我們就不能創造一個新的？新冠肺炎期間我們看到改變的可能性——甚至相當快速而且全面。同時我們觀察到，今日的勞動者比較有力量，這得歸功於專業人力缺乏。這也意味著我們可以改變框架條件，讓事情轉向對我們有利的變化。因此，重新思考工作世界的時機再好不過，我們不該讓它從手中溜走。

本書討論的，正是我們可以如何創造一個對大家都比較好的工作世界。但是我們首先必須一探究竟，看看我們怎麼會走到今日所處的境地。確實，全球新冠肺炎疫情貢獻一部分推力，但是它不是我們大家都這麼疲憊的原因。我們的疲勞是集體的、系統性的，正如我在接下來的章節將說明的。疲勞是Z世代仔細思考自己還想工作多少的原因之一。直到今日還可以看到對懶惰年輕世代的指責，但是千禧世代和Z世代對工作有不同看法的原因有其道理，部分來自我們在過去幾個月可觀察到的廣泛現象：「大離職潮」，從美國開始，但早已不止於美國，對某些行業造成特別大的影響，在這些業界使專業人力愈形缺乏，將會在接下來幾年影響我們的工作世界。這一切是我們在此探討工作的背景，我們目前所處的情況——這是本書第一部分的主旨。

第二部分要討論的就是工作世界非常具體的問題之宏觀發展，及其解決之道。我們依序處理：我們工作太多，造成我們倦怠，因此必須探討縮短工作時間。因為新冠疫情，「彈性」有了新特質，特別是在工作場所方面。居家辦公室、遠距工作和混合工作成為我們新現實的一部分。但是為了不要重蹈往昔辦公室工作的覆轍，我們需要新規則。再者，不是所有的人都在辦公室裡工作，不能就這麼轉換成居家辦公，我們要怎麼做，才能也給他們更多彈性，讓他們的工作容易承受一些？這些討論很重要，因為工作世界並不公平：女性、有色人種、身心障礙和LGBTQ等，他們依然做著比較低薪的工作，而且經常在惡劣條件下工作。如果我們要解決這個問題，必須從這一點切入，使工作世界變得公平一些。不公平也經常和工作的另一面相關，亦即無酬勞工作。所謂的照護工作大部分還是由女性承擔，她們因此賺得比較少，退休金也比較低，而且常處在不穩定的工作崗位上。如果我們要使工作更公平一些，必須改善無酬工作的分配，加以尊重，並且給予報酬，這是後面章節的主題。如果我們要改變工作世界，我們必須把自己更良好地組織起來——共同合作以推動變革。因為，如果我們不在乎，好、壞工作之間的差距將繼續擴大。疫情時期，許多人的工作突然間被稱為「系統相關」，但是其中意義並未反映在工作條件上，完全相反。我曾訪問從事這類工作的人，從中觀察到一個預示著變革的趨勢：企業工會和勞工工會正在回歸，而且出現在從前無法想像的行業當中。勞動者的組織也可以在另一個區域發揮相關影響：氣候保護。因為不顧及氣候，本書根本寫不出來。因此這個主題也出現在一些章節，因為我們都知道，氣候和所有生活領域相關，因此當然也包括工作。

然後，做為所有問題的解答，還有兩個我們特別想討論的觀點：熱情和目的。熱情工作，並且從中找到意義的人，他們就像中了大獎，沒什麼可抱怨的，至少我們是這麼聽說的，但是這真的正確嗎？

我們今日的工作方式讓我們生病，我理解所有不想為工作鞠躬盡瘁的人們，我也沒興趣這麼做，因為我相信，我們的工作方式既不特別符合人性，也不特別具備永續性，不論是對我們、對氣候還是任何人。那麼該怎麼做？我們看到工作正在轉變：工作變得沉重，越來越有侵略性，越來越勞心勞力。要是我們不注意，我們只會收穫對我們不好的東西。因此我們必須致力於良好的變化，切斷目前工作和經濟的連結，再重新串起。實際該怎麼做，是本書討論的重點。通力合作，我們有機會創造新的工作世界——對我們每個人而言運作比較良好的工作世界，只要我們願意去著手進行。

PART 1

我們大家都累壞了

當我談論疲倦，我指的不是只要晚上多睡一下就能從中恢復的那一種，而是累到骨子裡的那種疲憊，讓人晚上只有力氣吃冷凍披薩和看電視。我累到甚至辭掉一個相當好的工作，因為我就是不能再繼續下去了，因為我已經燃燒殆盡，被工作，被追求越來越高的生產力，被我的「職涯」，被我們周遭的世界，尤其嚴重的是被所有危機耗盡精力。我們的世界著火了，正如字面的意思，那我們呢？筋疲力竭，就為了趕上截止日。我們究竟該死地在做些什麼呢？我們為什麼要這樣對待自己？

我原本以為我很會工作。我出身於一個每個成員向來做很多事情的家庭：收銀、停車場、麥當勞。我曾當保母賺錢，學校寒暑假當收銀員，實習工作一個接著一個，同時在一家市場行銷公司打工，我必須從某個地方賺到錢——政府提供的就學補助不夠支應大學生活。我知道我沒有遺產可繼承，我的雙親能提供的支援不多，我們沒有能提拔我到某個高階職位的「家族朋友」。要是我想在職業上有所進展，那麼我就必須比別人好，比其他人做更多工作。不知何時，我登上「職涯之梯」，當上經濟專欄編輯，後來成為LinkedIn的主編。書面上這一切看起來都很完美，但是我的內在感受通常完全不同。

我當時以為問題在於我：我瑜伽做得不夠，或是我遲早會以冥想克服這一切，或者試試成功總裁們的技巧：半夜四點半起床，喝一杯溫水，去慢跑，然後早上六點到晚上十點都坐在筆電前面。或許我只要比較常到樹林裡散步，自我照料畢竟是一切問題的解決之道，至少我們總是接收到這樣的建議：要是你有壓力，就是你有問題，你只要更努力，改變你的心態，終於清空收件匣，就像初創行銷時常會說的台詞。

如今我知道這一切都是鬼扯，不是我們做得不夠好，而是我們的工作世界壞掉了，連帶也讓我們生病：我們疲累，倦怠，壓力大。我們開始認清現實：自我照料和奮鬥文化（hustle culture）不會讓我們前進；要是我們工作到倦怠，最後還要因此大肆慶祝，這對大家根本沒有益處。就算我們夠努力，我們也不會過得比雙親好，這種承諾早已破滅。我們試著忽略疲憊，只是繼續努力，只希望某一天抵達另一邊。我們以為自己是唯一有這種感覺的人，以為這是個人的問題。導致大家集體倦怠的其實是個系統性問題。

為了評估某人是否倦怠，有種測量工具：馬斯拉赫倦怠量表（Maslach Burnout Inventory，簡稱ＭＢＩ），以心理學家克里絲汀娜・馬斯拉赫（Christina Maslach）命名，她和蘇珊・傑克森（Susan E. Jackson）一起設計出倦怠量表。做這個測驗需時約十分鐘，由二十二個問題組成。我已經做過這個測驗好幾次，不是好訊號。我覺得其中有些說法對我們和我們今日工作的方式具表徵性：

我覺得自己因為工作而情感痲痹。
我覺得在整天工作之後，很容易會將自我封閉起來。
我每天早上起床，一想到又要去上班，就覺得好累。
我覺得自己因為工作而感到精疲力竭。
我覺得自己早就工作過度了。
我感覺我已經束手無策了。

這個量表測驗倦怠的所有三個面向：職業倦怠、去個性化，或者失去共感及個人成就判斷。最後我們許多人都獲得相同結果，因為我們感到倦怠，而工作是這個倦怠的原因，不同的研究早已提出例證。德國全部就業人口的三分之二至少有時感覺壓力沉重，超過四分之一的人甚至經常有這樣的感覺。

將近一半的受訪者認為，導致壓力的主要原因是職業、大學學業和學校生活，尤其是太多工作及期限壓力造成他們的負擔。超過百分之四十的人常覺得過度工作，被消耗殆盡。超過四分之一的人在晚上和週末無法完全把工作拋到腦後，百分之二十的人就連度假時也辦不到。壓力何時減退？從六十歲開始，亦即職業生涯的尾聲。

早在二〇一八年，也就是全球疫情之前，德國就業人口的一半覺得自己承受中等到高度的倦怠風險，十個人當中有六個自述出現壓力症候群，好比持續感到疲憊和無力、背痛、心情緊繃和不斷為工作煩惱。

從前說起自己的倦怠可是會遭人白眼，但情況不同了：倦怠已經成為公開討論的議題。馬克斯．埃博爾（Max Eberl）擔任門興格拉德巴赫足球隊（Borussia Mönchengladbach）體育總監，他在二〇二二年離職時說：「我再也不能為這個偉大的足球隊工作，因為我生病了，我的氣力耗盡，我只想擺脫折磨。」澳洲網球員阿什莉．巴蒂（Ashleigh Barty）在二〇二二年三月終止她的職業生涯，年僅二十五歲，當時她在世界排行獨占鼇頭已經一百一十四週，她表示：「我不再有體力動能，沒有那種想要繼續的感覺，也缺乏在這個頂尖世界自我挑戰所需的一切。」德國前首相安格拉·梅克爾也抱怨自己相當疲憊，談到對退休後生活的想像時，她說：「也許我會試著讀些書，然後累了就闔上雙眼，睡一會兒，之後再看看。」梅克爾在二〇二一年七月這麼說，就在她的任期即將結束之前。

倦怠越來越常被視為獲頒的榮耀勳章，表示工作得夠努力。你筋疲力竭了？那麼你把一切都做對了，恭喜。這是我們從美國學來的，那個我父親出生的國家，也是我的第二故鄉。工作其他許多觀點也是向美國看齊：要是矽谷放著桌上足球檯的亮麗辦公室裡，每個人念茲在茲的只有生產力，創造幾十億的收益，那麼一定不會錯到哪裡去。但是我們忽視了美國崩壞的系統：育嬰假沒有薪水，健康保險昂貴又和工作相扣，幾乎沒有勞權。正因如此我才在書中一再望向美國，因為我們從美國看到工作在未來的點子和機會，它們能超越國界散發光芒；也因為我們從美國看到一切發展到非常糟糕的地步，好比過度工作的文化，如今這一切在我們德國這裡正逐漸失控。

因為倦怠不是可以令人感到驕傲的事。倦怠有健康後果，甚至出現在腦部結構。倦怠可能導致高膽固醇值和糖尿病、心血管疾病、骨骼肌肉疼痛、疼痛感改變、持續疲倦、頭痛、呼吸和胃腸問題、失眠、壓抑症候群和心理失調。倦怠能讓我們進醫院，甚至英年早逝。經常承受壓力的人，超過五分之一描述自己的健康狀態是「沒那麼好或不好」。

「倦怠」（burnout）這個概念原本和照護職業相關，目前看護人力、教師、醫師和社工也屬於特別常發生工作倦怠的職業族群，他們和系統相關，而且疲累到難以想像。做許多情感工作的人，亦即必須付出許多情感的從業人員，也有高倦怠風險。所謂的空中小姐症候群除了飛機乘務人員，以及上述職業人士之外，還有在超市、話務中心、餐廳及其他服務業工作的人也會罹患。他們不可表現出自己的情緒，必須藏在微笑後面，不論他們是否感覺愉快。

倦怠並非正式劃分出來的疾病，而是常和其他心理疾病如抑鬱與焦慮相關，達到倦怠程度時，這些心理疾病也常出現在病假單上，因心理疾病而請假在過去十年大幅增加，尤其是抑鬱、適應障礙和焦慮如今導致越來越多缺勤。適應障礙指的是面對特殊情況或是巨大改變時產生心理不適，典型的是離婚或孩子誕生，但全球疫情也屬於這類情況。

請病假同時卻也是許多人試著避免的事情，他們雖然生病還是繼續工作，好似那不算一回事，諷刺的是，這種情況尤其發生在那些已經工作到特別倦怠的人：在工作場所感到負擔特別沉重的人，其中二分之一在二〇二一前半年多工作一週以上，即使他們已經生病了。

我也經常這麼做，直到今日還因此後悔不已。有一次我在開完會之後，發著高燒還開車前往阿姆斯特丹，吞了一堆止痛劑讓自己振作起來，好出席董事會進行的兩天拜會。當我回到慕尼黑，我罹患嚴重中耳炎。幾年之前我曾延遲治療支氣管炎，直到我患了氣喘，直到今天仍為之所苦。我體悟到生病還工作不是好主意，同時我也知道工作到生病的感受。在一個壓力特別大的工作日，晚上我問我先生：「你知道疲累到只想哭的情況嗎？」我並不知道我當時已經深陷倦怠之中，只是感覺自己不夠強，有如工作是種競賽一般，我只要更嚴格鍛鍊即可。

有如在工作世界不許示弱一般，社會心理學家戴文・普萊斯（Devon Price）稱之為**怠惰謊言**（Laziness Lie），一旦我們做得「不夠」就產生罪惡感——然後工作到生病。我們自我欺騙，宣稱要是每天、每一秒過得不夠有生產力就是偷懶，「我們大部分的人泰半的時間都感到疲累、過度負荷，對自己感到失望。」普萊斯寫道：「不論我們有多少成果，工作多辛勤，我們從不曾覺得自己做得夠多了，多到讓我們滿意，或者無愧於心的地步。我們從不覺得休息是應得的。」於是我們繼續工作，好似什麼都不曾發生。「我們所有的人都克服倦怠、壓力造成的病痛，以及週復一週的睡眠不足，我們深信感受界線讓我們『懶惰』，而懶惰就是壞事。」

其實我們如此懼怕的這種懶惰根本不存在，「我們內在沒有道德敗壞的怠惰力量，足以使我們毫無來由的不事生產。」普萊斯表示：「有個界線，需要休息，這些並不壞。感覺疲勞或缺乏動力對自我價值並不是危害。」因為我們有充分理由感覺缺乏動力或疲勞，也就是我們「在令人倒下的過度要求、工作狂文化當中存活下來，試著擁有基本需求。」

這種工作狂文化和因此導致的過度工作是我們倦怠的主要原因之一：工作密集起來，從前分成好幾個任務，如今經常被壓縮到一個工作崗位上，工作負擔加重，所有的人都想要會下蛋的羊毛牛奶豬。我還記得我們在記者學院怎麼被耳提面命：你們必須什麼都會，撰寫、錄音和剪接、自己拍片、剪輯影片，還有社群媒體，當然，你們還年輕。就算不是所有實習生都自然而然變成 TikTok 超級巨星，你們身分證件上寫著特定出生年份，人事部門可沒人在意。他們在記者學院告訴我的這些要求，最近出現在一家有規模的媒體公司徵人啟事上，此外他們還要求：具備相當經驗。這個職位是個即時空缺，限期一年。這個徵人啟事並非單一情況。許多企業想要萬能的工作人員，雖然有一份薪水，但沒有保障和發展機會。

電腦領域早就常說起摩爾定律（Moore's Law）：電子產業不斷地發展，使密閉電路中的電晶體數量每兩年就增加一倍，換句話說，我今天買的筆電比兩年前能買到的快一倍，而且價格只有一半，至少最近幾年是這樣。有個朋友不久前寫信給我，說他不得不因此想到自己的工作，他問：「該死的，我什麼時候變成電腦了？」摩爾定律的邏輯何時不再只適用於我們的筆電，也適用於使用筆電工作的人？我們的工作生產力越來越高，即使在新冠肺炎疫情頭兩年也沒有停滯。但是還會持續多久？摩爾定律已經減緩，但在人身上，這個速度似乎反而加快了。

我們看到工作密集不僅出現在辦公室裡，以及在所謂知識工作領域，還呈現在早已極度缺乏人手的行業：照護、教育、教學。十個教育和社工人員之中有四個人察覺到人力缺乏造成負擔加重，零售業甚至超過一半的人有這種感覺，照護領域將近三分之二。團隊縮編，承受過度工作。二〇一九年，百分之七十的勞工表示他們的工作負擔在最近五年加重了，新冠疫情開始之後情況更加嚴重。對許多人而言變得不可能在規定的時間內完成工作，於是加班。許多人下班後無法真的放下工作，上司在晚上和週末寄來的電子郵件一點幫助也沒有。

但是相關的不只是過度工作。除了工作高負擔之外，還有其他因素導致倦怠：控制、酬勞、團隊、公平和價值感，其中一個或多個因素如果在個人與工作之間慢慢失去平衡，就可能導致倦怠。因此，工作負擔太重的時候就會發生倦怠，要是感到不公平對待，要是無法掌控自己的工作，要是沒有獲得相應的酬勞或讚許，要是和同事處不好，要是自覺沒有價值，或者多個或全部因素聚在一起就會發生倦怠。

此外還有一些和工作無關但影響我們生活的因素——連帶影響我們的工作。最近幾年其中之一是焦慮，隨著新冠疫情擔心傳染、生病，還對擁抱雙親感到憂慮。接著是擔心失去工作，沒有足夠的錢付暖氣費用；擔心氣候危機、戰爭以及再也無法完成一切的焦慮。

再也沒人有興趣工作（尤其是Z世代）

自從千禧世代開始工作，他們的工作日常就蒙上焦慮的陰影：網路泡沫、九一一事件、經濟危機、歐元危機、新冠肺炎和能源危機。結果是無薪實習、契約工作，以及從一個育嬰假代理工作換到下一個。如果腦子裡總有著生存焦慮，如何能放鬆地工作？

同時，千禧世代和Z世代——也就是一九八一年到二〇一二年間誕生的人，總是被指責說他們只是不夠努力，根本不打算真正辛勤工作。原因可能在於工作條件，這個原因卻樂得被忽視。相反地，企業總裁有效地在媒體上表示憤怒，氣「這些年輕人」每週只想工作三天，最好不要在週末，而且，他們至少還有拿到最低薪資！「這年頭好像沒有人想工作。」金・卡戴珊（Kim

Kardashian）這麼說，不怎麼有原創性的指責，畢竟自從有世代以來，比較年輕的世代就是會被責備。

大差別呢？Z世代坦白承認沒有興趣工作——至少不是在目前的方式下工作。TikTok上可以找到無數和工作相關的迷因圖，當然其中也不乏鼓吹勤奮的內容和商業老大哥告訴你如何爬上職業天梯，但一般的主調卻不是這樣。@mrhamilton說：「我沒有夢想的工作，我不會夢想工作。」@ayanna.ife說：「我沒有目標，我沒有野心，只想要有魅力。」因此獲得超過百萬個讚。某人在下方評論：「我完全同意」。@miainmoments描述他的理想生活：「我不想當女強人，不想努力，我只想慢慢地生活，和我的愛人躺在青苔床上，餘生享受閱讀，創造藝術，愛我自己和我生命中的人。」

就算只是做好工作然後回家的人都會被當作懶惰蟲，從一個名詞可見一斑：「安靜離職」（Quiet Quitting），根據解釋，「安靜離職」的人拒絕在工作上多做一些，從前稱之為「照章行事」，亦即只做必須要做的事情，和工資對等的工作，但也僅止於此。這個語詞在TikTok上也很熱門，「你完成你的任務，但你不再屈服於奮鬥文化心態。」扎亦德．罕@zaidleppelin在他傳染病似的影片當中說：「你身為人的價值不再被你的生產力所定義。」

但是企業通常有不同看法：領導階層恐慌，現在又多了一個可能的問題，他們的員工不想再擠出無盡的生產力。「安靜離職」在其中點出兩件事：第一，正常工作竟然和辭職荒謬地劃上等號。完成工作的人沒有辭職，也不沉默。第二，這裡所指並非無所事事，而是工作人員劃定界線，防止自己過度工作，這才是領導階層該關注的吧？

因為所有這些TikTok趨勢──從「安靜離職」到不必再工作的期望，根本和懶惰無關，如我們所見，這種懶惰指責根本是大謊言。問題其實在於我們究竟為了什麼工作。過去，工作給人的承諾相當清楚：努力工作的人，總有一天會過得比較好。要是信賴市場，每個人都能享受富裕，我的房子，我的車子，還有其他的。這個承諾已經失效，年輕人工作再工作，但是他們依然不能負擔房地產，因為一切都變得太昂貴。我們不知道我們將來是否還能拿到往後賴以維生的退休金。要是我們無法控制氣候危機，而且是盡快，我們就再也沒有生存根基。多做一些工作，工作更努力一點的理由已經消失。

此外，許多年輕人只進到不穩定的工作環境，其中之一是幾乎所有業界都期盼的實習生。實習經常沒有薪水，或是剛好抵消一些花費，連支付租金都不夠。而且，除了少數例外，實習生在德國不受最低薪資保障。另外一種是限期契約工作：二〇一六年，德國六成的限期契約工作者年齡在三十五歲以下，也就是剛好在一個原本要建立自己的生活，也許甚至要組成家庭的年齡。在我的調查當中還碰到「希望勞動」這個名詞，完美描述這種類型的工作。「希望勞動」是「未支薪或薪水低於標準的工作，當下被履行，通常為了經驗或擴展人脈，希望將來能獲得工作機會」，卡特琳．奎恩（Kathleen Kuehn）和湯瑪斯．寇里根（Thomas F. Corrigan）如上描述。「希望工作」

被視為投資，未來獲得報償，因為這個人投入足夠的金錢和經歷。原則上不是什麼嶄新的點子，但在我們今日彈性化及動態就業市場裡，這種工作對每個人的工作觀點產生負面影響，扭曲市場，特別受挫的又是就業市場裡的年輕人。

就業變得越來越不穩定的同時，卻被高舉為生活的重心：聚會上首先被問到的就是在做什麼——當然是指職業。但當工作的所有承諾，社會晉升和富裕等都已經被打破，如此強烈地以自己的工作來自我定義，真的有意義嗎？

二分之一的千禧世代和Z世代靠著薪水過活，煩惱自己的財務、氣候變遷和自己的未來。而他們聽到的唯一反應居然是指責他們懶惰？許多年輕人不想再跟著照做，寧可丟掉工作而非做到累癱，其實也就不足為奇。

大離職潮

二〇二一年我辭去工作。我已經燃燒殆盡，我的身體相當清楚地告訴我，我必須休息一下，我先生和我的治療師也這麼說。但是我很難下定決心：我喜歡我的團隊和上司，我的工作其實很棒，我從中學到很多，承擔相當多責任。

我不想看清的是：自從全球疫情開始之後，我經常不停工作而非在中午休息——直到我肚子叫得那麼大聲，然後把幾個小熊軟糖塞進嘴裡；我寧可一直坐在筆電前面工作，而不是和我的朋友們聚會。我的工作日沒有變短而是更長，我的背部疼痛，頸子也是。我沒有精力做運動或嗜好，更別提當義工。追劇還可以，其他的根本累到沒辦法做。工作和休息時間合而為一，變成灰灰的一坨，讓每一天都沒什麼差別。

即使如此我還是感到罪惡：我只是居家辦公，沒有真正費力辛勞的工作，我不用照顧小孩，無須照料親屬，我不必擔憂下個月帳戶裡是否有足夠的錢。我真的可以感覺疲倦嗎？其他人的負擔比我沉重多了。我陷入「知識工作者罪惡感」（Knowledge Worker Guilt）當中，這是辦公室工作者會產生的罪惡感，因為，的確，我的倦怠出自一種其實占優勢的狀態，但這並不會使我的倦怠感沒那麼真實。

我二〇二一年視訊告訴上司我要辭職的時候，我們兩個人都哭了。幾天以後，當我告訴團隊我的決定，又是一陣淚漣漣。我哀傷，但同時感到鬆口氣，我拖延了許久才做出這個決定，在腦子裡來回思索。但是最終做出決定，突然覺得把一個巨大負擔從身上推開，我呼吸得比較自由，腦子除了工作、工作、工作之外還多出一點空間給別的想法。我重新開始計畫事情，思考比較有創意（甚至想到寫本書）。

觀察這一切滿有意思的：一旦辭去工作，大家說起自己工作的方式就完全不同，等到他們聽你說起離職的原因是太累了，他們自己的倦怠故事就全攤在陽光下。從前我以為他們都能掌握自己的生活，而我是例外。

但是我辭職和我的情況根本不是例外，覺得工作不下去的許多人都辭職了，多到這個現象在美國獲得一個名稱：「大離職潮」。這個名詞出自安東尼．克洛茲（Anthony Klotz）：「大離職潮來臨。」管理學教授克洛茲二〇二一年五月接受彭博電視（Bloomberg）訪問的時候這麼說。二〇二一年四月，美國將近四百萬人辭去他們的工作，這是二十年以來最高人數。接下來幾個月的辭職率居高不下：二〇二一年，美國總共有超過四千七百萬人自願辭職。離職潮在這之後依舊繼續，從美國奔流到其他國家如澳洲和英國。

但是什麼原因讓這些人辭去工作？克洛茲舉出大離職潮的四個原因：第一是勞工感到倦怠，第二是疫情讓許多人正視自己的死亡，他們思考自己的生命有多重要，注意到自己有多（不）滿意。第三是數百萬計的人體驗過居家辦公和遠距工作的自由，因而不想再回到過往的工作形式。第四是疫情第一年是段不安定的時間——在不安定的時期，人們會（暫時）留在工作崗位上，許多延遲辭職的人在二〇二一年都離職了。

《哈佛商業評論》（*Harvard Business Review*）記者的分析指出，大離職潮並非從新冠疫情才開始，而是近十年來一直都有這個趨勢。從二〇〇九年到二〇一九年，美國平均每月離職率每一年增加百分之零點一；二〇二〇年因為新冠疫情稍緩，但二〇二一年又延續這個趨勢，數字創下紀錄。克洛茲認為這個趨勢將持續二到三年。工作世界正面臨劇烈改變，人們想試一試，看哪種新的工作方式適合自己。尤其是年輕的勞工最能想像自己辭職：十八到四十一歲的人有將近四分之一覺得非常或相當可能在來年更換工作。就連碧昂絲（Beyoncé）在她的歌曲〈擊垮我〉（Break My Soul）當中都勸告該丟掉沉重又令人心煩的工作。

辭職的人可不總是悄無聲息，有些人甚至把離職變得有傳染性：美國路易斯安納州的貝絲．麥克格拉特就是個例子，她在臉書上傳自己的影片：兩邊染成紅色的辮子，灰色毛衣，戴著面具，肩膀和耳朵夾著聽筒。超市廣播系統傳出聲音：「沃爾瑪的消費者和工作人員請注意，我是電子部門的貝絲。」她說她已經在沃爾瑪工作將近五年，那裡全部的人都過度工作，而且薪資過低。她每天都受到管理階層和顧客的惡劣對待。這部影片結尾說：「去你的經理，去你的工作，我不幹了。」這部影片光是在臉書上就有超過五十萬次觀看數，#iquit 這個標籤出現在無數 TikTok 影片上，這些影片呈現遞出辭呈、口頭表達以及慶祝最後一個工作日的景象。辭去可憎的工作變成迷因圖。人們不再想承受惡劣的工作條件——特別是因為在美國以及德國許多職位都缺人，所以是有替代方案的，美國二〇二一年辭職的人表示薪水不好是原因之一。許多人在原本的工作崗位上缺乏發展可能性、不受重視，缺乏托幼福利，或是工作時間不夠彈性。目前擁有新工作的人大部分都改善了自己的薪資、發展機會和工作生活平衡。

德國的「大離職潮」還有待發生，但是很快就會改變，因為德國人很久沒這麼想要換工作了：百分之十四的在職人口正在尋找新的工作，這個數字甚至高於美國——這也是市場研究機構蓋洛普開始研究以來，德國首次超越美國。帕．辛延（Pa Sinyan）表示：「這是過去二十年前所未見。」辛延負責蓋洛普在歐洲、近東和非洲的業務。但是目前這種轉職意願只能當作意向宣示，辛延說：「在接下來六到十八個月，這種意向宣示將呈現為真正的離職潮。」就業人士變換工作的意願越來越高，百分之十八的人在未來三年當中肯定會在其他地方上班，將近一半的人計畫，確定會在未來三年當中留在目前的公司裡，二〇一八年還有將近三分之二的人有同樣說法。特別想轉換跑道的是那些和公司連結感並不強的人。

不過德國人考慮辭職時，其他兩個因素比薪水重要得多：上司和壓力。

「領導風格一直是決定離開或留下的最重要槓桿，」辛延表示：「讓我看看你的上司，我就讓你看到你的人生。」要是上司好，其他一切也就不會有問題。

但是蓋洛普研究也顯示壓力變大：內心倦怠感在過去幾年明顯增加，二〇二一年有百分之三十八的受訪者表示，在受訪前三十天當中，曾因工作壓力而感到內心倦怠。同時人們在新冠疫情期間有時間思考：我可以、必須真的像過去那樣繼續嗎？辛延稱之為「大思考」（The Great Contemplation），這些思考和工作全面相關：研究當中詢問受訪者，如果繼承大筆遺產而不再必須工作，那麼是否還會繼續工作。過去二十年，一直都有百分之七十左右的人回答：當然，我會繼續工作，就算我變得超級富有。二〇一六年甚至高達百分之七十七的人這麼回答。那麼二〇二一年呢？只有百分之六十一的人，在繼承大筆遺產後還會繼續工作。工作在人們生命中的意義：萎縮中。

急切雇用

因此，我們面臨的是人們疲累到倦怠，許多人最想要的是根本不必再工作的情況。這一切主要和其他發展相關聯，這些發展在接下來幾年也將持續影響我們的工作世界：如果我們繼續像這樣工作下去，很快就沒有足夠的人來完成所有的工作。幾乎所有的僱主都急切地徵求人力。我們缺乏專業人士，而且真的很缺乏。二〇一九年，德國的勞動人口是四千五百三十萬，達到勞動潛力的百分之九十五，換個簡單些的說法：幾乎所有能工作的人都在工作，對僱主而言同時意味著越來越難找到（合適的）員工。

幾乎各行各業都缺：照護人力、醫師、物理治療師、救援人力、牙科技術人員、接生人員、教育者和教師，也就是照顧我們孩子、病人和老人的人，我們在未來幾年甚至幾十年會越來越依賴他們。還缺乏維持生活運作的人：職業駕駛、食物製造專業人力、農業人士、烘烤及餐飲從業人士。此外還缺乏協助我們推動能源轉型的人：建築業人力、地下工程、清潔和暖氣技術人員、牆面和軌道建設人員；在典型的手工業、管道工作人員、玻璃製造、木工、屋頂作業或是泥瓦匠，還有能源技術人員。

許多教育工作多年來需求甚巨，但後繼無人。二〇二一年，百分之四十二的教育機構沒有達到滿額聘雇。人員不足的機構當中超過三分之一收不到任何求職函。新冠危機使得特定行業的情況更加複雜：職位被削減，節省到最極限。如今這些企業訝異於許多人力流向他處——原來就他們特別缺人。在過去幾個月當中，這個情況在兩個領域特別明顯：餐飲業和航空業。

現今走過市中心的人都會看到許多咖啡廳、餐廳和酒吧窗戶上貼著啟事，上面寫的不是提供廚房和服務生的工作機會，就是縮短營業時間。這種迫切的人力缺乏是新冠肺炎期間停止營業的直接後果，起初所有店家都關門，頂多只能外帶。然後餐飲店慢慢重新開始營業，條件不斷變換：必須預約，接觸者追蹤，相關軟體，保持距離規定，區域限制，營業時間，抗體認定規範（3G、3G Plus，2G、2G Plus），沒有人還能真地搞清楚。不只顧客感到不確定，工作人員也一樣，只不過他們感到不確定的是店面能不能撐下去。餐飲業在二〇二一年的虧損比二〇二〇年還高。

因此，到二〇二一年九月止，整整十萬名勞工離開餐飲業一點都不奇怪：大學生搬回雙親家住，而非住在大學附近。只有迷你工作[1]的人拿不到短工補助[2]。但短工工資，亦即只達基本工資百分之六十，不含津貼或小費，根本不足以維持生活。一般而言，餐飲業的薪資經常偏低：餐飲業占低薪行業最高百分比。超過三分之二的全職工作人員只賺到最低薪資，也就是低於平均收

1 Minijob，德國薪資低於平均，或者工時、工期很短的工作。

2 德國社會法規定，非出於自願的工時縮短導致收入減少的人可獲得補助，而迷你工作不符合這個條件，因為他們接受工作的時候就已經接受相關工作條件。

入的百分之六十。同時餐飲工作相當辛苦——在新冠肺炎之前就已經是這樣，壓力大，工時長，別人休息的時候，他們要工作。廚房裡的氣氛通常很粗魯，性別歧視也不罕見。對服務生而言，新冠肺炎讓他們的工作更加沉重：誰有興趣一再討論口罩和疫苗接種證明？此外還有升高的感染風險。許多餐飲業從業人員因此更換到似乎比較安全的行業：銷售業、物流業、公司管理和組織領域，好比擔任秘書。

機場也缺乏人力，這是二〇二二年飛機乘客，或是看過德國每日新聞的人都知道的事情，整個歐洲一片混亂。沒有足夠的人力，登機報到和安檢櫃檯前就排起長長的隊伍，行李沒能及時裝載，飛機在跑道上等待登機門，飛機誤點，航班取消。還有因為新冠感染發生的抗議和罷工，人力缺乏又更嚴重，尤其是因為許多國家取消機上戴口罩的規定。根據德國經濟研究所（Institut der Deutschen Wirtschaft）的一項研究，光是德國就缺少七千兩百個機場工作人員。這個發展也可以用新冠疫情當作解釋：疫情開始時，飛行交通受到劇烈影響，航空公司如漢莎航空（Lufthansa）被政府拯救，但是許多工作人員依舊失去工作。其他人透過第三方工作，但是再也沒有工作合約。新冠疫情之前，航空業的工作條件就頗嚴苛：輪班工作、體力勞動、低時薪，比較不易和家庭及私人生活協調。缺人的時候，留下來的工作人員負擔就加重。要是航班取消，機場排出長龍，旅客就易怒，拿機場人員出氣——讓機場狀況越來越糟的惡性循環。

其實企業主不須對員工離職感到驚訝，許多人把工作周邊條件設計得很糟，不能怪罪不想參與的人。二〇二二年四月，達美航空公司是美國第一家宣布空服員未來待機時間也計算薪資的航空公司，以前空服員要等到機艙門關上之後才開始計算薪資。法蘭克福機場的工作條件自從二〇〇一年部分私有化之後變差了，之前工作人員適用公共服務業的團體工作契約。之後一些工作如餐飲、貨物卸載、下水道清理或停機坪控制被轉移到子公司底下，自此不再適用上述團體契約。目前負責飛行前工作，也就是負責把東西裝上飛機和卸載行李的人，整整百分之二十到三十的薪水低於公共服務業團體工作契約，工作內容維持不變。這些職位找不到人其實沒有人應該覺得奇怪。專業人力缺乏會發生也是因為薪水不好，無法依靠工作維生，因此變換工作跑道。

德國機場的短期解決之道應是來自國外，德國聯邦政府計畫從土耳其雇用人員以填補空缺。真是個提供土耳其人長期職業願景、移民德國的好機會，對吧？一點都不是，這是頂多三個月的限期工作合約，正巧也是土耳其為了旺季需要這些專業人力的時段。這個計畫並不真的有用。移民只被當作暫時貼布，而非長期解決專業人力缺乏的可行方式，為了後者，我們迫切需要對移民法進行真正的改革。

因為正如我們目前在一些行業所見，情況還會更糟：誕生人數眾多的嬰兒潮世代慢慢進入退休的年齡，直到二〇三五年，就業市場可能缺乏七百五十萬的人力。就業人口潛能，也就是理論上能工作的人，可能降低百分之十六。過去幾年上升的工作人力需求之所以能被填補取決於三個族群：

延長工作的年長者，增加就業的女性，以及來自國外的移民。但是這三個族群並不能永遠解決問題。並非所有年長者在退休以後還有興趣、體力和健康繼續工作。為了讓更多女性投入職業，而且不是鐘點工作，需要比較好的幼兒托育，以及比較公平的家庭照顧工作分配。移民也無法阻止頹勢：從一九九一年到二〇一八年，淨移入人口每年平均只讓總人口數增加百分之零點四，就算改革移民法也不能平衡情況發展，頂多減緩衰退。

「專業人力缺乏」是我們必須迫切思考「工作在未來該是什麼樣子」的另一個原因。因為要是像現在這樣繼續下去，單單因為人員因素就會成為問題——尤其當那些未來要工作的人現在就已經倦怠不已，而且再也沒有興趣工作。

因此在接下來的篇章，我想探討工作對許多人而言再也不起作用的原因。因為一切都相互關聯，我們累壞了，因為我們工時太長，工時太長是因為全新的、充滿變動的工作世界還沒有搞清楚的規則。事實上，我們沒有明確的規則，這意味著我們正在複製舊有工作世界的問題。如果我們不積極應對這些問題，問題就會變得更加嚴重。我們把職業和照料工作雜耍似的拋來換去，最後都沒能做好。如果我們不小心處理，最後只會擁有一個比從前更不公平，對氣候和人類都更糟的工作世界。接下來的章節將討論所有這些主題，以及我們該如何做得更好的問題。

PART 2

要是我們大家都少做一點會怎樣？

我們其實知道現況：我們倦怠已極，再也沒興趣工作，許多人辭去工作，使得專業人力更加缺乏。我們現在所需要的是解決方法：我們能怎樣改變工作世界，使它運作得比較好，並且不只對少數人，而是對大家都比較好？本書第二部分要討論的就是這些解決方法。

其中一個要素是時間。當我們談論富裕，原則上指的是經濟富裕：我們有多少錢，擁有多少東西。但是「時間富裕」呢？社會學家哈特穆特．羅莎（Hartmut Rosa）描述這種狀態是「當人們擁有的時間多於完成義務所需」。原本八小時工作制是以相似的主張來推銷：八小時工作，八小時睡眠，八小時是休閒時間。但是這種承諾早已煙消雲散，如今工作凌駕我們全部的時間，而我們嘗試以盡可能的高生產力來填滿我們所擁有的時間。感覺起來一點都不富裕。如果我們加以改變會怎樣呢？

工時問題

為了解決專業人力缺乏的問題，以及一切工作世界不對勁的地方，常被提出的是某個特定的想法，通常是由六十歲左右，身居政治及各種協會高位的男性所提出，他們確信：我們只要每個人都多工作一點就好了，不過他們所謂「每個人」通常指的不是自己，而是那些醫院、咖啡廳和機場缺乏的人力。他們對多工作的解決方案內容變來變去，一下子說每週四十二工時，一下說多加班，還提起延後退休，但言下的普遍主調很清楚：如果「這些年輕人」都多工作一點，那麼我們就不會有專業人缺乏的問題了。從來不認為這是個好方法的人：那些被說應該工作長一點、久一點的人，雖然他們現時就已經不能再多做一些了。

這個情況有多荒謬，可從德國巴登伍爾騰堡邦一個例子看出來，那裡的教育人力太少。那麼如何彌補缺口呢？那裡的聯邦首長溫佛列德・克雷區曼（Winfried Kretschmann）認為：太多教師是以兼職的形式工作。克雷區曼的解決方式是，要是他們每週都多工作一小時，換算下來就像增加了一千個職位。這個討論被炒熱了一陣，然後又消失了。幾個月後是巴登伍爾騰堡的暑假，出現了新的頭條報導：四千個限期雇用的教師必須通報失業，是的，就是同一批被迫切需要的教師們。根據該邦文化部的說法，要節省經費。

我知道，我們聽過一些陳腔濫調：「老師們早上說的都對，中午就休息。」[3]就更別提暑假了。但是發生在巴登伍爾騰堡的只能說怪異。才剛雇用一學年的新任教師，如果他們過去三十個月當中沒有至少從事十二個月附帶社會保險義務的工作，那在暑假只能領德國失業救濟金——也就是從前所謂第四代哈茨就業救濟金（Hartz IV）或目前所稱的國民救濟金（Bürgergeld）。

我無法責備任何在這之後再也無意執教的人，尤其當我們想到，教師其實早就工作過度，承受壓力：在學校裡，他們平均每週工作超過四十六點五個小時，就連週末甚至晚上也常常要工作。德國二〇二二年的學校壓力表顯示：百分之八十四的教師承受巨大到非常巨大的壓力，將近二分之一承受精神倦怠，幾乎三分之二感到生理倦怠。許多人再也無法用休息時間讓自己從工作疲勞當中恢復過來。而且壓力在剛就業的教師身上就已經開始累積：他們四分之一在實習的時候就已經出現倦怠症候群，將近三分之一的新任教師在最初五年內離開教職。涉及補齊教師人力缺乏時，或許可以從上述面向著手，因為如果長此以往，二〇三五年所缺少的教師人力至少會達到兩萬四千人。

總說多工作一點是胡說八道，因為所有的提議，從一週工作四十二小時、額外加班以及七十歲以後才退休，全部忽略了一件事：多工作並不健康，因

3 德國諺語，出自德語繪本《馬克思和莫里茲》（*Max und Moritz*），譏嘲教師自以為是又懶惰。

此也不是專業人力缺乏的解決方式。一旦越多人生病，因為倦怠而缺勤，不僅造成昂貴成本，也只是讓情況雪上加霜。好得多的解決方式正是這個建議的相反：我們所有的人都應該減少（許多）工作。要是比較短的工時就已經能運作良好，而且因此減少對氣候的影響，我們何必還一直維持標準的每週工作四十個小時？每週工作四天，這是本章的主題。

要是工作太多使人生病

太多工作讓人生病，這不僅可從倦怠的教師人力數量看出端倪。德國所有全職工作的人將近百分之十的每週工時超過四十八小時，分配到五天就是每天九個半小時。工時特別長的是自雇者和管理人員，在交通及倉儲領域工作的人，也就是好比卡車司機或送貨人員。每週工作超過四十八小時的人將近一半承受著身體過勞，超過三分之一承受情緒損耗。失眠和沮喪在他們身上出現的機率高於每週工作三十五到四十小時的人。縮短的下班時間和減少中間休息時間對健康產生不良影響，尤其影響在服務業、健康照護以及教育領域工作的人。

工作過度不僅讓人生病，還會致命。在日本甚至出現一個詞：過勞死，因為工作過度而死。因為過度承擔工作而自殺同樣也有專用詞：過勞自殺。根據世界衛生組織（WHO）以及國際勞工組織（ILO）的估計，二〇一六年全球有將近一百九十萬人因為工作相關的疾病和傷害而死亡，大約相當於德國漢堡市的人口數。國際勞工組織列出十九項會導致工作死亡的危險因素，過長的工作時間是最大的風險因素，因此導致七十五萬個死亡案例。過長的工作時間提高中風和心血管疾病的風險，後者可能造成心臟病發作。世界衛生組織秘書長譚德塞．阿達諾姆．蓋布雷耶蘇斯（Tedros Adhanom Ghebreyesus）說：「看到這麼多人名副其實地被他們的工作殺死，實在令人震驚。」過度工作導致死亡的情況在南亞和西太平洋地區尤其多，從二

○○○年開始甚至還上升，歐洲同時期的死亡數降低，但是每年每十萬個居民還是有二點六人死於過度工作。

有個轉變成結構性過度工作最令人咋舌的工作模式來自中國，九九六工作週早已成為科技業標準：早上九點到晚上九點，每週工作六天。除了每週七十二工時之外還要加上通勤時間。九九六的最強力支持者是馬雲，他創建了阿里巴巴集團，是全球最富有的人之一。他說「能做九九六是最大的幸福」，畢竟許多人連這個機會都沒有。原來如此啊，馬雲。目前中國最高法院宣布九九六違法，實際上仍有部分依舊施行，不過至少開始討論這樣工作到倦怠是否健康。

特別是比較年輕的人提出質疑，結果形成兩種運動抗議九九六和其他過度工作形式：一種叫做「躺平」，有時也會看到英文版的 Lying Flat，辭掉工作，休息一陣子，生活而非工作。中國的勞動人口也變老了，從所謂的「高齡商數」可看出這個發展會如何劇烈改變中國經濟，這個名詞形容退休人口和就業年齡人口之間的比例。二〇一五年，這個數字在中國是三十七點七，每百個就業年齡人口對比三十七點七個六十五歲以上的老人；到二〇五五年，高齡商數將上升到七十六點五。德國到二〇六〇年的高齡商數將達六十三到六十七。中國人口可說將非常快速變老，對年輕就業人口的壓力於是升高。同時年輕人的工作通常特別不穩定。二〇二二年五月，中國城市介於十六至二十四歲人口失業率上升超過百分之十八，就連大型科技集團企業如阿里巴巴和騰訊也停止招募人力或開除員工。越來越多人自問他們的工作是否安穩，財富和富裕的承諾是否真實。因此除了躺平之外還有另一種新趨勢：擺爛。情況令人絕望，面對這種絕望只能乾脆放棄，「躺平意味著停止奮力向上以停在高點。」記者張哲形容：「擺爛是憤世嫉俗，意味著放開方向盤，看著一切崩壞。」房價太高？忘了買房這回事，吞下高漲的房租吧；職涯晉升沒機會？申請額外假期，四處遊蕩，讓大家失望吧。

「擺爛」尚未抵達德國，至少還不是廣泛趨勢，或許也因為我們雖然工作很多，但離九九六還差很遠。德國全職工作時間平均是每週四十一小時，這個數字在過去三十年幾乎可說未曾改變，雖然今日的科技早已一日千里。

通常一說起工時，隨即就會看到警告的食指：但是我們以前工時更長！的確，至少看看最近的歷史還是這樣。德意志帝國初期，勞工每週工時還達到七十二小時。自從一九一八年起，法律就規定每天工作八小時，所以起初是四十八小時工作週。德國工會聯盟從一九五六年開始爭取每週工作五天，德國印刷工業於一九六五年正式引進四十小時工作週，金屬工業在兩年後跟進，然後所有其他行業都採用這個模式。

當我們談起這些長工時的「以前」，我們看到的其實是人類歷史上工作最多的時期：工業革命時期。一如人類學家詹姆斯・蘇茲曼（James Suzman）表示，我們是拿自己和絕對極大值比較，因為當我們繼續回溯到人類還是獵人和採集者時期，我們工作少得多：據估計約每週十七小時張羅食物，加上其他活動大約每週二十小時，以便料理食物，收集柴火，築起營地或製造工具。轉成現今的用語，可說從前的每週四十工時包括支薪工作和無薪照料工作。

那我們呢？除了每週四十小時的全職工作，再另外加上所有的照料工作，烹飪、打掃和照顧孩子。這種無薪工作（下文還會再詳細討論）比支薪工作還花時間：目前我們在德國每年包括通勤時間貢獻六百六十億小時給支薪工作，以及八百九十億小時給無薪工作。此外，引進每週工作四十小時的時期，原則上是男性上班賺錢，女性則在家裡支援的時代。比起從前，如今許多女性投入職場，德國就職女性占總就業人口的百分之四十六點六，百分之七十五的母親也有工作，即使大部分是兼職。這意味著：通常沒人有整天的時間承擔教養兒童、整理家務、煮飯、採買和其他的照料工作。

因此當比較多人工作，科技也變得更進步，為什麼我們不能少工作一點？我們為什麼還固守著每週四十工時？我們能如何加以改變？

每週工作四天能解決我們所有的問題嗎？

這是一個越來越多國家的民眾會提出的問題。每週工作四天應該可以！這是紐西蘭永恆守護者信託公司（Perpetual Guardian）發起的全面討論，他們進行六週的實驗，看看每週四個工作天究竟會怎麼運作。勞工每週只工作四天，薪資不變。每週工作三十二小時而非四十小時。結果：職員生產力提高，壓力減少；業績維持穩定，成本降低，因為消耗的能源減少，三贏的局面。這個測驗如此成功，使得工時此後永遠降低。

永恆守護者信託公司創辦人安德魯．巴恩斯（Andrew Barnes）陳述其目標是讓更多人接受每週工作四天，他和其他人一起創辦了一個組織「全球每週四工作天」（4 Day Week Global），目前組織全球的每週四工作天模式測試，例如在英國：二〇二二年六月到十一月，三十個領域七十家企業超過三千名員工參與測試。這個至今全球最大規模的測試由科學家陪同進行，以獲得可信的結果。第一反應是受到肯定：麗莎．吉柏特是一個男孩的母親，雙親的照顧者，稱這多出來的休息日「太棒了」：她終於能享受週末，她可以在星期五把待辦事項都解決掉，省下多點時間給家人。在其他國家也進行了工時實驗：西班牙、加拿大和南非也做了測試，看看每週工作四天在自己的國家是否行得通。在立陶宛，三歲以下孩童的雙親可以在薪資不變條件下，將工時從四十小時縮減成三十二小時。在阿拉伯聯合大公國，每週只工作四天半；日本政府建議企業允許員工每週只工作四天。一些大企業如微軟和雅虎早已經這麼做。比利時在二〇二一年初引進每週工作四天的可能性，不過並不縮減工時，從每天八小時變成每天十小時。因此我在本書中根本不討論比利時模式，只探討在不減少工資條件下，真正地縮減工作時間。

冰島一再被視為這方面最亮眼的例子：冰島多年來在超過一百個工作場合，以兩千五百人進行測試，看看縮減工時對人們和經濟有何影響。我和古德蒙多．哈洛森（Guðmundur D. Haraldsson）通電話，他是永續民主協會

Alda（Association for Sustainable Democracy）的理事，和「自主」智庫（Autonomy）共同發表實驗結果。哈洛森從經濟危機時期就開始研究工作時間，當時冰島討論，是否應讓所有的人都多工作一些，或是晚點退休，大概就像德國目前的討論。哈洛森覺得這些討論滿奇怪：「我們現在有更多、更進步的科技，為什麼我們還要多工作一點？根本就沒道理。」

比較短的工時有許多正面效應，也是冰島實驗的結果，這個實驗其實包括兩部分。二〇一五年，冰島首都雷克雅維克市政府開始他們的試驗：一個服務中心和一個青少年福利局的部分人員，他們的工時從四十小時縮減成三十五或三十六小時，薪資不變。接下來五年，越來越多人員加入這個試驗，例如幼兒園或身障照護中心的人員。這顯示，縮短工時不僅在辦公室和管理單位行得通，其他領域一樣能發揮效果。同時並行地，冰島政府從二〇一七年開始第二項測試。最終差不多冰島就業人口的百分之一點三參與這些測試。

所有測試結果一致：人們承受較少壓力，更有精力，有比較多時間給家人、朋友，去運動或做些嗜好。在家裡也比較沒那麼多壓力，多出一些時間操持家務，兩性關係當中的男性多接手一些照顧工作。同時，工作的生產力和服務項目維持不變，甚至還增加。究竟如何規劃則視工作場所而定：例如幼兒園的人員依照輪值系統早點下班，能這麼做是因為孩子們一個一個被接走，因此晚一點所需照料人力就比較少。在其他一些案例當中，必須增加額外的專業人力，好比為了繼續填滿健康醫療輪班所需人員，雖然增加成本，但是換算下來每年所增加的將近三千萬歐元還在控制之內。

冰島的試驗如此成功，使得目前當地幾乎每個人的工時都縮短，或是工作合約接受較短工時。工作時間長期被縮短，以及這個試驗居然會被進行，這一切都得歸功於冰島強有力的工會。冰島幾乎每個就業者都是工會成員，大約介於百分之八十五到九十。哈洛森解釋：「工會在冰島是政治行動者。」工會在一九七〇年代爭取實現每週四十工時，要求法律保障的育嬰假；他們和企業協商薪資及工作條件，會員生病、倦怠或出現經濟問題時提供協助。

有些工會甚至提供會員價格實惠的度假住宿，哈洛森表示：「度假屋被視為生活品質的一部分。」可以好好度假，價格合理，這些是重點。工會會員會費從薪水直接扣繳，和教會稅差不多金額[4]。即使目前冰島大部分的人每週工作三十五或三十六小時，卻可能還不到極限。哈洛森認為中期看來，目標應是每週工作三十二小時。

現實當中的工時縮短是什麼樣子

不僅國家，企業也在思考少點工作的生活看起來會是什麼樣子。

拉瑟．萊恩綱斯（Lasse Rheingans）的代理公司位在畢勒菲爾德，公司名稱就用他自己的名字：萊恩綱斯責任有限公司（Rheingans GmbH）。諮詢、制定策略、設計、研發，萊恩綱斯做的每一件事都是典型的創意工作，也可以說是辦公桌工作。但是這家公司並不從早工作到晚，而是每天只工作五小時，早上八點到下午一點，每週二十五工時。

做出短工時的決定是在二〇一七年，當時萊恩綱斯才剛接手這家公司。他思考，對他而言，有意義的工作應該是什麼樣子。受到一家美國企業的啟發，他想出一天五小時的工作型態。他告訴我：「我注意到，就算是老闆也需要時不時休息一下，因為無法不間斷工作。」早上八點開始工作到晚上七、八點並不能達到目的，也沒有長期意義。

拉瑟說：「我們的五小時工作超級有效率，而且每天都有時間和精力投入嗜好及私人生活。」即使工時縮短，薪水和年休還是維持不變。因為拉瑟接手這家代理商，他有個優勢：身為新的老闆，他沒有沿用舊規則，他的員工可以暢所欲言。他和他的團隊一起思考，如何在五個小時內完成工作：「什麼地方讓人分心？哪些程序根本沒用？」首先著手處理拉瑟所說「低垂的水

4 根據二〇一五年資料，冰島教會稅為每年八十美元。

果」，也就是改善工作過程的簡單問題：電子郵件、會議、通訊軟體如 Slack 或 Meeting 裡的消息，這些不斷讓人分心。他向我提問：「你有多常在會議中想著，這根本只要用電子郵件就能解決？」光是改變過程就能每天節省二到三小時。此外還有定期工作坊，好找出還能改善的部分，以及是否所有的人以同樣的理解著手處理工作。

此外，從二〇一七年開始還有一些改變。新冠疫情開始之後，拉瑟很早就讓團隊居家辦公：「收拾你們的筆電、辦公桌椅、螢幕，還有你們所需要的一切，現在我們大家都遠距上班。」在家要照顧孩子的人就少做一點，他本人也要負責孩子的學習。學校下課之前幾乎不再能夠注意到工作日程，因此必須加以調整，他說：「相關的只是精神支持，以及少些壓力。」目前他認為自己和公司在「摸索階段」，遠距工作，但維持工作五小時並不容易——也因為大家都能決定在何時與何處工作，「我們必須小心不要落入過往習得的讓人倦怠的行為，」拉瑟表示：「我想要我的團隊盡可能減少工時，維持健康。」

工作如何在職涯上發揮作用而不至於摧毀健康，這也是馬丁・坎莫斯提出的問題，他有個無法居家進行的工作：馬丁是個麵包點心師傅。我們在某個週一通電話，他的麵包店，坎莫斯麵包店，這天其實休息，但是他早上還是會出現在店裡一會兒，要做酥皮，不過得等他睡飽了之後。馬丁說：「這對我並非是種懲罰。的確，我必須到店裡，但是我要強調這其實是我的嗜好。」他把做麵包這個嗜好變成職業。馬丁本來是電子資訊業的會計，偶爾才烤麵包，直到他決定辭去辦公室的工作。「辦公室的工作並不會看到真正的成果，」他說：「就像理髮師，把頭髮剪短之後，顧客感到滿意，那麼理髮師也會心滿意足，這就是我如今在麵包店裡工作的感覺。」

馬丁開始接受麵包師職業訓練的時候二十九歲，轉變相當劇烈：他工作的第一家麵包店，輪班從夜間十二點半開始，在這一行是相當正常的時間。為了適應輪班工作，他和同事們協調，他說：「我什麼都試過了。」他在上班之前和之後睡覺，但是沒有形成良好的規律，「我白天還要上職業學校。我只在這家麵包店做了兩、三個星期，然後想，不，這對我太難了。」他換一家店工作。回到辦公室？他從沒這麼想過。他深信一定有某個方式，能讓他擁有合理的工作時間。兩年之後他取得麵包師證照，之後一年間他在不同店家工作。耶誕節和跨年時，他在一家麵包店工作，「他們甚至有時晚上九點就開始烘焙作業，」他敘述：「然後中午才上床睡覺。」在另一家店裡「我們早上七點開始，根本像度假一樣。」馬丁後來取得點心師證照，然後試著自己開一家麵包店，好能夠終於隨他的心意工作。

他在肯琴恩找到地方，在佛萊堡北邊半小時車程的距離，接近法國邊界。我問他，他早上幾點開始工作，他說：「目前我們早上五點半開始工作。」七點開店，早餐麵包已經完成：小麵包、丹麥酥、葡萄和核桃捲、斯佩爾特麵包棍。但不是所有麵包都會在七點上架，馬丁說：「有些麵包要到八點半才會做好。」例如斯佩爾特全麥麵包，製作這種麵包需要幾個小時。馬丁表示：「起初顧客們都會詢問，我發現他們早上就期待全品項。」不過現在大家都口耳相傳，幾點會出什麼麵包，「顧客沒有去別家店買，而是就晚點過來。」有個顧客曾對他說，他可以早一點開始嘛，馬丁說：「但這正是我不想做的事。」過程確實還有一些可改善之處，麵包店畢竟才剛開張，但早點開始工作不是他的選項，其他來應徵的麵包師也覺得這樣不錯：「顧客喜歡我們真的是手工製作，不求便利，而且工作時間合理。」

但有個問題，麵包製作少了夜間工作，也會跟著減少的是現金。典型夜間工作的麵包店，針對午夜到清晨四點的工時有夜間加給，馬丁說：「這筆錢每個月約六、七百歐元，免稅，拿在手裡的現金。我這裡沒有這筆加給，我因此提高底薪。」有些麵包師因此拒絕他提供的職位。

目前幾乎只有女性向他應徵工作，或許因為馬丁不僅重視對生活友善的工作時間，也因為他雇用時重視彈性。「如果有女性麵包師來應徵說，我只能工作三天，從六點到八點，當然可以，怎麼不行？員工是否全職還是兼職，或者每天只工作兩、三個小時，對我而言並沒有差別。」他有個打卡鐘，麵包店裡每個麵包師和銷售員都適用，他因此可以仔細計算工資。

較長工時其實是徵人啟事固定部分的其他行業，也開始轉念。柏林的星級餐廳「零下之一」（einsunternull）每週只營業四天，從星期五到星期一，人員領到和以前同樣的薪水。整個發展對主廚席維歐・佛矣乎而言有許多好處：餐廳營業的時候總是滿額雇用，員工比較好過。降低工時首先可以做到公平給薪，因為過去從未能支付完整的工作酬勞。「所有的餐廳經營者應自問：我如何為員工多做一點，卻不會損害經營？」佛矣乎說：「我們也對自己提出這個問題，結論是：沒辦法多付薪水，那麼我們就必須減少工作時間來彌補。」餐飲和住宿業其他公司同樣也試著每週工作四天，例如阿爾蔡／沃爾姆斯地區的朵靈飯店，正常全職工作天減少一天。工藝界也運用每週四天工時制，好指導新進人員：水管師父阿佛列德・凱勒的公司每週五不上工，也有助於找到實習生。二〇二二年他發出三個職位的徵人啟事，逆轉潮流收到十份應徵履歷。

此外每週三十個工時在過去就曾發揮作用：威爾・凱斯・家樂（Will Keith Kellog）——沒錯，就是賣穀片的家樂氏，早在一九三〇年代，他將自家工廠工人本就異於一般的每週四十小時，降低成每週三十個小時的工時，他於是在一個高失業率的時代多創造出一輪的工時，進而創造出新的全職工作。這個調整非常成功：工廠意外減少，營業額維持高點。一九三五年，家樂甚至說明，他們能負擔工人每天只工作六小時，薪水就和以前工作八小時一樣。直到一九五〇年代，他的工廠才又改成每週四十個工時——因為員工想這麼做，他們想多賺點錢。

給真正的工作多點時間

在許多行業當中，縮短工時讓人們有機會思考究竟該怎麼工作。因為在工作場所的時間並未那麼有意義地被運用，一方面是工作核心的任務，並且一定要完成，另一方面卻有些事務甚至比真正的任務占據更多時間。我們有時做這些事，好讓我們看起來在做事，好似我們真的做好事情。一天當中要開多少會議，它們真的是核心工作的重要部分嗎？電子郵件也是這樣：一直留在線上，發出一封又一封的電子郵件，這些和真正的工作通常並不相關。

並非針對個人：要是大家都這麼工作，自己也就自然而然這麼做。說起有生產力的工作，指的不是從過度工作的人們身上擠壓出生產力，而是我們如何工作，指的是程序，尤其針對知識工作，即針對主要在電腦前完成作業的所有工作。

這些領域的核心工作總是被打斷：被電子郵件、Slack 或 Teams 軟體的對話訊息，或者被下一回會議日期約定干擾。

作者卡爾．紐波特（Cal Newport）稱這種工作方式為「過度活躍的群體思維」：我們的工作日常不是圍繞著真正的任務來組織，而是被電子郵件和其他數位溝通型態牽著走。這其實很沒有效率，因為會讓我們不斷分心，這種工作型態極端破碎：我們大約每十一分鐘就從一項任務換到下一項。其中原因也在於數位通訊的量：知識工作者平均每四分鐘收到一封新的電子郵件。有項研究顯示，百分之八十的受測者讓電子信箱在背景運作，百分之七十在六秒鐘內打開新進的郵件。根據研究，職員的三分之二從不曾擁有一個鐘頭以上不中斷的工作時間，但這類工作阻斷增加壓力，使我們沮喪。其實有簡單的改變方式：只要工作人員能在固定時間裡，完全阻隔電子郵件和智慧手機，他們就會比較滿意，覺得自己比較有生產力。要是我們不再試著跟上電腦的進度，我們就會過得比較好。

因此，我們何不乾脆停止這麼做？而且我所謂的停止不是個別員工比較能在工作上忽略訊息，而是我們應集體思考該如何處理這種數位溝通形式。因為，點開剛收到的訊息簡單得不可置信。理論上，透過電子郵件的溝通並非同步，因此任何人都不必直接反應。但是電子郵件卻常讓人覺得像同步溝通，必須盡快回覆。此外因為郵件信箱滿出來，郵件很容易沉沒在自己的信箱裡。使用通訊軟體如 Slack 或 Teams 的情況類似，溝通變得更快，又變成比較同步：我記得短暫關閉 Slack 再重新打開的那一天，我完全被未讀的、等著我回覆的訊息壓倒。紐波特因此認為，我們必須改變專注方式。他表示，知識工作的生產力可以大幅增加，只要我們創造一個比較適合人類腦部的工作流程。例如萊恩綱斯的公司就把焦點放在三個主題：電子郵件、會議和 Slack，「我們今時今日工作必須減少遲鈍，因此有人工智慧或是自動化。相反的我們必須做聰明的事，我們精神所需的事。」他對我說：「要是你有時正在複雜的程序當中，你必須用腦子思考，但是每十分鐘就收到一封電子郵件，那麼就會一直分心。」因此在他的公司裡不用 Slack，只有確實必須出席的會議才參加，也不再每五分鐘檢查一次電子郵件。但是為了讓這一切發揮作用，必須整個公司都參與。

在許多企業裡，這些流程卻無可動搖，不管是否運作良好，他們總喜歡說：「我們一直都是這麼做的。」員工通常知道得很清楚，哪一方面沒效率，或者在哪個步驟浪費時間。可以自動化的程序就不應該手動完成。要是程序清楚分配，所需的程序本身相關溝通也就比較少。

還有其他部分可以節省時間：現今的會議通常維持標準的三十或六十分鐘，這並非因為真的需要整整一個小時討論主題，而是行事曆軟體的時間長度標準設定，其實經常只要十分鐘也能完成。

這是縮短工時的優點之一：強迫我們非常仔細思考如何運用時間，集體思考科技如何支援我們，而非不斷因科技而分心。這類工作密集甚至可以是正向發展，因為提高的生產力不是從人身上壓榨出來，而是來自工作過程和科技。

當然不是所有的職業都能這樣壓縮，尤其是輪班表必須填滿的職業，好比餐飲旅館業，或是照護相關行業。部分行業必須增加雇用人員以填補因縮短工時而出現的空位，但這正是正確做法，這種投資有其意義，正如冰島的例子所示。在過去幾年到幾十年間，已經被壓縮到破碎的職業如今不能再繼續被擠壓：照護、教學、教育，但是工廠裡的工作也一樣，他們通常明顯已經工作到超過對員工有益的程度。

即使如此，比較短的工時在這些行業當然還是有優點：能讓過度工作的員工多點休養生息的機會，不會那麼快生病，提升員工滿意度以及企業的吸引力。即使因為人員增加而抬高成本：這些成本會因為較少人員請病假、倦怠或減少經常變換人員而抵消。

媽媽星期五也休息

不管在德國，或是在冰島，工會都是爭取降低工時的重要戰力。以「爸爸星期六屬於我」這個口號，德國工會聯盟提出每週四十個工時的要求。一九五六年，這個句子出現在電視廣告裡，一九六〇年代於是施行較短的工時。

那麼現在是誰發起「媽媽星期五也休息」這個活動呢？因為我們大家都知道，週休二日之下，星期六要掃除、採買和其他家事，然後星期天休息，但是最遲到晚上就又開始想到星期一。不工作的星期五會打散這種連貫性，帶來多一點真正休息的時間。

但根本不必然要星期五不上班，冰島施行不同模式以縮短工時。有部分人提早開始以及／或者結束輪班。托兒所的員工依照輪值系統先後下班；派出所有雙週系統，第一週，一半的警員從星期一到星期四減少值班一個小時，星期五提早四小時度週末，第一週於是減少八小時，到第二週則依照普通時間上下班。另一半的警員就按相反的頻率上下班。這個規則可以彈性調整，以配合工作場所及各種任務。

面對任務也從各方面縮減：會議縮短或取消，有個公司甚至完全取消下午三點以後的會議，任務更為優先排序、指派或分配。幼兒園裡的孩子們不再同時午休，而是編成小組輪流。許多企業和員工一起設計模式，研究縮短的工時如何能對員工發揮最好效果。這是集思廣益，而非從上往下由領導階級做出的決定。哈洛森表示：「其中的思維是：我們接受工作場所縮短工時的任務，我們該怎麼做？」確實，工時比較短，但這並不意味著安排毫無彈性可言。

二〇二〇年，金屬產業工會（IG Metall）理事長約格・霍夫曼（Jörg Hofmann）接受《南德早報》（*Süddeutsche Zeitung*）的訪問，談及每週工作四天：「每週工作四天乃是對汽車工業等領域應對結構變遷的答案，」他說：

「轉型不可以導致解雇，而是要讓大家都有好工作。」

但從那時起的情況如何呢？我和索菲・葉尼克（Sophie Jänicke）談論這個問題，她在金屬產業工會的團體契約政策部門工作，工時這個課題對她是「個人癖好」。金屬產業工會是德國最大的工會，擁有兩百二十萬名會員，遍布汽車製造、軌道運輸、航空、造船、機械及設備製造、電子、鋼鐵、木材、紡織和手工業等領域。一九八〇年代，該工會在西德為金屬及電子製造業員工爭取到每週三十五工時，部分員工輪班工作，其他人則在辦公室工作，好比工程師、技師和辦公室職員。

這導致不同的工時需求，這是該工會在二〇一七年針對六十八萬名相關產業會員所做的大型問卷所顯示的結果。輪班工作的人需要減少負擔，有孩子或是需要看護親屬的人，他們對時間的需求提高。一般而言，勞工想要更多自主權，好讓工作時間更能配合他們的生活。他們想要可計畫而非短暫的變化。他們不想工作太多，從四十一小時起，不滿就明顯節節升高。「勞工願意彈性工作——只要不是單向改變，」葉尼克表示：「當他們需要的時候，也想要回到彈性工作。」

具體施行會是什麼樣子，可從二〇一八年的團體契約看出來。第一要項是所謂的縮短全職時間，勞工可以改成每週工作二十八小時，薪資不變，有權回到全職工作。從二〇一九年開始，所謂的「過渡期部分工時」成為法律一部分，勞工可以將一到五年間的工時縮短，之後再回歸正常的工時。第二要項因此在今日更為相關，根據葉尼克的說法，也更受歡迎。這個方式讓勞工可以把金錢變成時間。除了耶誕節獎金和度假金，團體契約當中還規定要支付額外津貼，每年支付一次。大部分的勞工可領到大約一千到一千兩百歐元，特定族群——須付出較多時間者，可以將這筆津貼兌換成每年額外的休假日，這一項協議適用於有孩子或家屬需要看護的勞工，此外輪班工作的勞工也適用。每一年可以重新選擇，「我可以自行決定，目前哪些事項對我比較重要，」葉尼克表示：「要是想支付買房子的錢，那麼金錢比較重要就很正常。要是某人有幼兒，和家人共處的時間就比較重要。」特別是輪班工作的人尤其歡迎這個時間選項。

工時減少此外還有助於確保職位。金屬產業工會底下的行業目前做了很多事：燃油車變成電動車，飛航必須改變，機械製造也一樣。介於時間和金錢之間的選項因此可以被企業集體運用，讓他們不必開除員工：所有勞工多了八個休假日，而非領取津貼。「每個人都從中獲益，」葉尼克說：「勞工多了休息日，企業不必付出額外的金錢，可節省工時，減少產能卻不必裁員。」這類模式的條件當然是薪水最終仍足以過日子：團體契約薪資因此必須夠高才能提供緩衝。

氣候也想要我們少工作

危機時期減少工時可以是保住工作的解決方式之一，這並非新方式。二

○一一年歐洲深陷債務危機，這時美國經濟學家同時也是社會學家茱麗葉・修爾（Juliet Schor）表示：「要是沒有較短工作週的進展、休假、提早退休和延遲就職，經濟合作暨發展組織成員國絕不會有一九三○年代蕭條之後高就業率的『黃金時代』。」一八七○年到一九七○年之間，整體工時減少大約一半，修爾寫道：「我們需要較短的工時，因為倚賴國內生產毛額增加，以容納當前及未來『過剩』的勞動力，這並不切實際。」或者換句話說：我們不能期望經濟不斷成長。光是出於氣候因素就必須逆轉思考。這在過去會導致失業率提高。要是我們預期，未來工作機會比較少，我們就需要另一種方式來減少衝擊，減少工時是種有意義的模式。

修爾因此在TED演講當中表示贊成每週工作四天。工業國家的工時不減少，就不可能充分降低二氧化碳的排放。工作日少一點的人也比較少通勤，而且「如果勞工因此不是收到錢，而是多一點時間，」修爾表示：「他們的碳足跡就有減少的趨勢。」此外隨著工時縮短，整體經濟規模也會縮小。要是我們維持低失業率，減少氣體排放，人們有比較高的生活品質，修爾表示，每週工作四天將帶來三贏的局面。

不過，為了要能正確發揮作用，需要改進金錢分配，以及對富裕要有另一種認知，也就是時間富裕。修爾表示：「時間在富裕國家特別珍貴，那裡的人對物質需求都可以被滿足，會有所欠缺只因為收入及財富分配不均。」或者換句話說：不是所有的人都有足夠的金錢是分配問題，而且必須加以解決，好比縮短工時要有經濟平衡，就像每週工作四天的大部分測試所發生的，工時減少，薪資不變。

這對氣候也有益處，不同研究顯示縮短工時和氣候之間的關聯。當工時縮短，能源消耗及溫室氣體排放就減少。不工作的時候，辦公室和工廠就不開燈，不需要暖氣，電腦關閉。如果星期五不再是上班日，英國的溫室氣體排放到二〇二五年時能降低將近百分之二十。

而且，要是我們有多一點時間，我們的購物決定也會對環境比較友善。

從這點看來，較短的工時也有正面效應。如一份二〇一九年的研究顯示，美國工時較長的家庭也有明顯的高二氧化碳足跡。工時越長，人們賺得越多也就消費越多。多工作的人比較常開車，而非搭乘大眾短程交通工具。多工作的人住在比較大的房子或高耗能的房子裡，擁有更多設備如烘衣機、微波爐或是洗碗機，好節省時間。工時越長的人，他們越常外食，購買更多肉類和冷凍食品——有著較多生態碳足跡。要是經濟基本需求已經滿足，只是為了越賺越多，累積越來越多對氣候有害的消費行為，那麼就特別成為問題。重點不是禁止一切，而是著力於可節省資源之處。不是限制那些原本能源消耗就不多的人，而是那些明顯消耗多於應有占比的人。

要是我們有多點時間，我們會從事一些不僅對氣候對我們自己也有益的事情：多點時間陪家人，多休息，多運動。文化和義工活動也會增加。法國將工時降到三十五小時的時候，只有百分之三的勞工表示他們多旅行，百分之二則表示多購物和消費。當我們有時間就會做出不同決定，這一點從新冠肺炎疫情開始的時候就看得出來。我並非拿封城和縮短工時相提並論，不是，但是我們集體如果有比較多時間（以及比較少選項），許多人忽然開始烘麵包。我們去跑步或散步，把家裡的陽台整理一新。我們和朋友視訊，和奶奶通電話。好吧，我們還看了電視網的《虎王》。這些活動有許多對氣候明顯比較好，相較於我們過度工作時的休閒活動：我們晚下班，開車去超市，為了買加了很多義大利香腸的冷凍披薩，然後坐在電子遊戲機後面吃披薩。

科技失業夢

德國要是想藉著減少工時以達到巴黎協約不那麼有野心的最低目標，也就是讓地球降溫兩度，那麼我們只能工作六小時——每週，屆時我們差不多就抵達經濟學家凱恩斯（John Maynard Keynes）一九三〇年就提出的烏托邦，當時他認為，一百年內人類將解決經濟問題，每個人都有足夠資源過日子。

壽命標準將提高四到八倍，我們「每個人都會遭受新型疾病侵襲」，也就是受到科技失業的影響。一百年即將過去，二〇三〇年就在眼前。我們呢？我們看看四周確認，壽命的確延長，科技進步，但是感覺科技失業還相當遙遠。凱恩斯假想二〇三〇年幾乎不會有什麼工作，我們每週應該只要工作十五個小時，或是每天三小時。休憩和沒有恐懼的滿足時代將出現在眼前。

這是和我們常聽到的科技失業迥異的另一種看法，別想那些寫著「機器人恐將威脅百萬個工作機會！」的報紙頭條，取而代之的是：「歡呼，機器人將分擔我們的工作！」但是，就只因為周遭的科技進步，我們都將失去工作的這種焦慮從何而來？科技失業的焦慮相當久遠，比凱恩斯更久遠。亞里斯多德在《政治》（*Politik*）當中就已經寫著：

因為，如果可能，每種器具都聽命行事，或者事先完成它的工作，就像傳說中代達洛斯（Dädalos）的雕像，或是赫菲斯托斯（Hephästos）所製作的假人「三腳」，詩人說它們能在眾神的聚會中自行運作，就連織布機也會自動紡織，齊特琴也能自行演奏，藝術家於是不需要助手，主人不需要奴隸。

十六世紀時，英國女王伊莉莎白一世拒絕核准紡織機的專利，因為她擔心織襪工人將再也無法賺錢維生。但並非紡織機造成大規模失業，而是經濟發展持續推進。如今機器人也能解決我們的問題，我們在一邊納涼，機器人為我們工作。

不過我們至今尚未發展到這個程度，德國班堡市歐托．佛列德里希大學的區域就業市場經濟學教授沃夫岡．道特（Wolfgang Dauth）表示：「我們人類比自以為的更有創造力。」他研究工業機器人及其對就業市場的影響。要是有某項任務被機器人接手，我們人類就會發明新的任務，我們現今抱怨的許多「廢工作」（bullshit jobs）也因此誕生：將數字從表格複製到另一個表格裡，或者為企劃案寫構想，在構想階段結束後又變成一堆廢紙。

每增加一個機器人，在工業界就會減少大約兩個工作機會。機器比我們更能精準作業，比較可靠，比較少出錯，此外它們代替我們進行危險的工作。道特表示：「我們沒有發現這些公司的員工因為機器人而被開除的證據。」過去在機器旁邊工作的人接受再訓練，為了投入沒那麼高重複性、薪水較高且需要較多證照的工作。道特說：「我們系統性發現這些人力轉換到高價值的工作崗位上。」工業削減兩個工作，就會在服務業產生兩個新的職位。「公司因為機器人而提高生產力，有錢能用在其他地方。他們拓展並要求服務，尤其是在技術諮詢方面。」

雖然有些研究顯示，我們大部分的工作在接下來幾年會自動化，因此才出現那些恐慌標題。有些說運輸物流業的工作會被自動車取代；辦公室和管理工作會被大數據演算法取代；製造業的工作未來可以由工業機器人完成。

為了達到上述結果，機器人必須便宜一點，或者人們薪資好點。因為在某些行業，不佳的待遇和薪資，還是比發展或購買較好的機器人來得有利。例如在低薪國家的紡織業，那裡的工作條件太常不符人類尊嚴，剝削比自動化便宜多了。

但是，如果比較少人力，而他們的勞動力變得比較昂貴會如何呢？在一些國家如日本和南韓，那裡的人口越來越老化，在研究當中，他們就轉向機器人。道特表示：「如果我們想維持生活標準，但能就業以維持這種生活水準的人越來越少，那麼製造功能就必須以其他方式加以平衡，也就是用機器。」當科技進步提高生產力，我們就能少工作一點，最後畢竟得到同樣結果。正如工作密集化，這當然也不是發生在所有產業，照護或教育就不在其中。機器人因此能協助我們終於擁有比較多時間，雖然我們未來比較少人力可用。聽起來其實很好啊：親愛的機器人請拿走我的工作。每週工作四天，提高生產力的工作形式，氣候，機器人，縮短工時感覺伸手可及。或許不會立刻就變成每週十五小時，但或許可以是三十或三十二工時——因應過渡時期。但是為了發生作用，必須在社會各領域都爭取縮短工時。

威爾・史壯（Will Stronge）和凱爾・路易斯（Kyle Lewis）寫道：「要求週五不上班，可以是二十世紀勞工運動爭取週休二日的二十一世紀版本。」如果工作場所達到平權是目標，那麼我們必須理解，工作場所不只是辦公室、倉庫或工廠而已。「我們必須記著，我們的經濟，我們的家庭，以及我們的生活，都被典型無薪或低薪的照料工作型態所支撐，這些工作主要由女性在家庭裡完成。」史壯和路易斯表示：「我們必須認知，女性此外還站在就業市場的最前線，她們經常從事不穩定的工作。最終我們必須認知兩班或三班制工作的現實，並且致力於找出如何重新分配這些工作的方式，使我們每個人都能少一點工作。」

這也意味著，縮短的全職時間，也就是大約每週三十二工時，所得薪資不可以低於迄今的每週四十工時。長期看來我們必須用不同方式解決分配的問題，可能要藉助基本收入。少工作不可以意味著人們再也付不起房租，必須額外接受不穩定的第二和第三個工作。我們需要的是我們在過去已經看過的發展：讓各方獲益的真正縮減工時，進一步創造公平——有更多時間投入生命中真正重要的事情。

要是我們隨處都能上班會怎樣？

說明工時的情況之後，接著要討論我們在何處以及如何工作的問題。在過去幾年，工作發生空間轉移，至少對我們大部分的人而言，工作遷移到我們的公寓，因此經常抹消了公、私之間的分界線。居家辦公、活動辦公室或遠距上班再也不是例外，反倒已經變成主流。

工作上多些彈性是好事——至少在理論上。要是正確發展，彈性能讓工作融入日常生活，而非日常生活繞著工作組織。最糟的情況是工作凌駕一切，讓我們更加疲憊。

因此重點在於我們如何規劃彈性工作。此外我們眾口暢言彈性的時候，不應忘記那些無法輕易轉成居家辦公的人，即使其他行業已經可以在時間上彈性上班，這是早已可行的事情。但除此之外，還有一些可行的彈性模式，本章將討論的正是這些課題。

彈性的許諾

全球疫情才剛關閉我們的辦公室、咖啡廳、旅館、公家機關、商店和其他許多工作場所，大家就已經開始討論回歸：我們怎麼樣才能盡快回去上班？這一切何時才能再變得正常？某一天封鎖放鬆，戴上FFP2口罩，注射疫苗，我們慢慢摸索（同時測試）著回到工作場所。

新冠疫情最嚴重的時候，實體工作場所，通常也就是辦公室，被描述成聖殿一般：只要我們能回歸，一切就沒問題了，我們所有問題都會在太冷的辦公室空氣裡煙消雲散。回歸辦公室代表回到過去的常態，但是，辦公室工作對所有的人都運作美妙——這大概是居家辦公時期最大的神話。

我還記得我一大早就壓力滿滿抵達辦公室的日子，因為我要搭的火車誤點。然後我從一個會議室到另一個，以便和我在異地工作的同事們進行視訊會議。我幾乎看不到自己的辦公桌，每當我想專心工作的時候，總有某人過來，問我一些問題讓我分心，或是在旁邊難以理解地大聲講電話。我還記得一些蠢話，每到晚上就在腦海裡迴盪，讓我第二天只想爬回床上。我還記得我覺得自己必須看起來一直很忙的日子，好讓別人不會以為我可能做得不夠。

辦公室對某些人從不曾良好運作：那些負責照料工作，因此下午總要承受酸言酸語地急忙離開辦公室的人，還有些人屬於邊緣族群，因此總是要抵抗歧視。有些人擔任主管職務，必須緊盯工作步驟，要是暫時看起來不是超級有壓力，就要刻意皺起鼻子。還有些人拖著病懨懨的步伐上班，只為滿足公司期待。還有些內向的人無法持續面對其他人。有的人必須安排通勤、工作場所和充滿阻礙的任務。剛好是女性和有色人種想要繼續遠距上班也就不足為奇；如果必須全職回歸辦公室，他們其中將近一半的人想找新的工作或辭職。三分之一的女性很想完全遠距工作。有色人種勞工認為，居家辦公占工作時間百分之五十是理想解決方式，他們如果能居家辦公，對公司歸屬感就會增加，原因在於，他們在工作場所經歷的微霸凌和其他歧視形態，會在居家辦公時消失。

但是當然居家辦公還有其他優點：不必待在工作場所的人就不必通勤，擁有更多自由時間，可以更良好兼顧職業和照料工作。彈性工作同時卻也帶來新的問題：壓力、界線模糊、過度工作。在家坐在書桌邊工作的人更常工作到晚上，比較常感覺必須隨時能被聯絡上，有更多無薪的超時工作，不容易阻絕工作。遠距工作可以創造參與感——只要正確學會並運用這種工作形式；要是沒做好，我們就落入兩者最糟的形式，亦即混合型態，讓我們更加疲憊，創造出新的不公平。

眾人談論的是哪種彈性？

在我們詳細討論之前，我們必須澄清定義：居家辦公、遠距工作、機動工作和靈活工作雖然相似，經常被當作同義字使用，但畢竟有所差異。

居家辦公在德文當中也被稱為家庭辦公或遠距工作，勞工在他們的私人環境當中工作，原則上也就是住家。德國勞動場所法規定，如果工作契約有遠距工作協議，僱主必須提供「勞工私人領域固定設置螢幕的工作場所」。

居家辦公因此是機動工作一種很特殊的型態，機動工作意指不限場所都能工作：咖啡廳、火車上、公園裡、共享辦公室空間，或者就在家裡，遙距或遠距辦公是它的同義詞。全遙距（all remote / full remote）的人根本沒有辦公室。

混合型工作是上述型態的綜合，對我們其中許多人而言，長期可能變成現實：我們部分時間出現在工作場所，部分時間則遠距。

彈性工作相反的是個相對模糊的概念，經常被稱為機動工作，但也可能指的是其他彈性型態，好比彈性工時。

聽起來好像每個人都一直居家工作，但當然不是這樣。不是所有勞工都能遠距工作，只有那些在辦公室工作，被稱為知識工作者的人，在德國約占三分之一，其中許多人居家辦公，目前至少偶爾還是居家工作，二〇二一年還有四分之一的勞動人口居家工作，百分之十甚至每個工作日都在家裡工作。能遠距工作的人數相較於二〇一九年幾乎增加一倍——全球新冠疫情的效應。

遠距工作已經不可或缺

話已經攤開來說：感受到遠距工作的自由的人，再也不想回到辦公室，至少不是完全回歸。即使如此，企業依舊嘗試召回他們的工作人員，在辦公室工作對企業就是非常有效：所有的人都在同一個地方，可以看著他們工作。最近幾年到幾十年，完美（辦公室）工作場所看起來是什麼樣子的想像，強烈受到矽谷科技業固定印象影響。工作場所有桌球檯、免費午餐和健身室——想要吸引好員工的人，也必須提供類似的東西。交易很清楚：企業盡可能讓你生活簡單，好讓你盡可能多些時間投入工作。因此正好是美國科技公司盡一切嘗試，就為了讓員工重回工作場所也就不足為奇：谷歌邀請歌手麗珠（Lizzo）舉辦閉門演唱會，微軟舉行品酒會。其他公司用酒吧半價消費和健身課程吸引僱員。但是人們的優先順序已經改變，許多人注意到這所有特別活動和好處是陷阱，只想讓人工作越來越多。

數字也上升：遠距工作受到歡迎。荷西．馬力亞．巴瑞羅（José María Barrero）是墨西哥自動科技研究所（Instituto Tecnológico Autónomo de México）的金融學助理教授，也是一個企劃小組的成員，他們定期針對居家辦公進行線上問卷調查。他預估，新冠疫情之後，美國將近三分之一的勞工以混合型態工作；二分之一的人繼續完全在公司工作，大約百分之十五則完全居家工作。但是遠距工作不僅受歡迎，運作也很良好：十個人當中有四個表示，在疫情期間，他們在家裡工作比在辦公室有效率。巴瑞羅計算現有轉換成遠距工作的生產力為百分之五。但是主管和僱員的感受卻大相逕庭：全球百分之八十七的員工表示，混合工作形式比較有效率，同時有百分之八十五的主管人員不相信僱員混合工作會比較有效率。

未來不容許居家辦公的僱主將損失人力，把勞工每週五天叫到辦公室的老闆，會使得三分之一的員工換新工作，百分之七的人甚至會立刻辭職。有個朋友不久前對我說：「要是我的公司真的要花我百分之五十的時間在辦公室裡，即使根本毫無意義，那麼我一定會另外找工作。」

尤其年輕人想要繼續遠距工作，四分之三的Z世代和千禧世代偏好混合或遠距工作模式，他們說這樣能省錢，也省下時間做別的事，更常看到家人，可以比較簡單地完成工作。此外，遠距工作對他們心理健康有益，雖然其中也有五分之一表示，遠距工作比較不容易和同事們建立關係。

把人誘回辦公室的嘗試

即使勞工的期望相當清楚，許多企業還是不肯鬆手。例如蘋果電腦從二〇二一年開始一再嘗試讓員工每週回辦公室工作三天。因為新冠感染人數上升，回歸辦公室的計畫一再推延。二〇二二年的計畫是：從五月開始，週一、二和四是所有員工的固定辦公室工作時間。這個宣布遭到反彈。蘋果電腦機器學習部門主管伊安．谷德菲婁甚至宣揚：「我深信多點彈性是我的團隊的最佳規則。」他在一封寫給同仁的電子郵件裡這麼寫著。他轉職到谷歌旗下企業DeepMind。

一群員工打出「蘋果在一起」的口號，在一封公開信當中抗議上述計畫，他們寫道：「我們和領導階層對工作的未來願景相距天差地遠。」蘋果混合型工作的規則只是出於擔憂，擔心工作的未來、員工的自主性，擔心失去對員工的控制。「我們並非請求不要強迫所有的人在家工作，而是請求我們能自行決定，哪種安排最適合我們所有的人。」員工們表達：「停止把我們當小學生看待，得聽人指示要在哪裡以及何時必須寫作業。」第二波新冠肺炎變異使該計畫暫停，在辦公室裡覺得不自在的人可以暫時遠距工作。二〇二二年九月，蘋果公司展開新一波回歸辦公室計畫——如預期遭受到員工抗拒。員工和企業之間的拉鋸戰也許會一直持續下去。

堅持員工要出現在辦公室的還有伊隆．馬斯克，這位特斯拉執行長在二〇二二年六月等同用開除威脅員工，要是他們不回到辦公室工作：「想要遠距工作的人，必須至少（我強調「最少」）每週在辦公室工作四十小時，不然就離開特斯拉。」馬斯克在他的電子郵件裡寫著，這少於他對工廠作業員的要求，信件標題：「不再容許遠距工作」。雖然有些例外，但是由他本人審查和核可。在另一封主旨「為了徹底說清楚」的電子郵件當中，馬斯克精確描述哪些人特別要回到辦公室：位居領導階層的人更需要出現在辦公場所，當然有些企業不這麼要求，但是他們已經很久沒有推出了不起的新產品了——至少馬斯克這樣辯解。兩天之後卻顯示，這些電子郵件後面有著另一項策略，馬斯克因為財務狀況必須開除整整十萬名員工，他那樣強力主張出席率，應該是他要刻意挑釁讓人離職，好減少他主動開除的人數。

所以恰好是那些過去幾年深刻影響我們工作文化的企業集團，如今卻特別鼓吹回歸辦公室嗎？答案……既是且非。也有相反的例子，好比 Airbnb，公司總裁布萊恩．切斯基（Brian Chesky）甚至認為，遠距工作「在十年內將成為我們所有人的主要工作形式」。矽谷在這方面也應該領先群倫。不想參與的人再也雇不到最好的人手，因此缺乏多元性。所以 Airbnb 准許員工住在任何地方，在任何地點工作（最理想順便透過 Airbnb 租屋）。他在給團隊的信中寫著：彈性對 Airbnb 顯然運作良好，他在過去兩年看到了。「我信賴你們，彈性只有在你相信團隊分子的時候才有效。」他同時也知道，在許多情況下，創意工作及合作在大家都在同一空間時最能有效運作，「正確解決方式應該是連接數位世界和物理世界最好的一切。」切斯基這麼寫著。

因此 Airbnb 的員工原則上可以遠距工作，在自己的國家四處移居，也可以在其他國家工作。定期集會還是有，員工因此每季要規劃大約一週的時間。旅行可說是 Airbnb 的 DNA，切斯基本人有幾個月的時間在各個城市的 Airbnb 工作。在一次訪談當中他描述自己在亞特蘭大、納什維爾、察爾斯頓、邁阿密、洛杉磯、科羅拉多、波士頓、芝加哥和溫哥華停留的心得。當他注意到他自己可以這樣工作，他想著：那麼其他許多人一定也能這樣工作。切斯基個人並不負擔照顧孩子或有看護需求照料工作的責任，只是帶著他的黃金獵犬在城市間遷移。這種遊牧生活對大部分的人並不切實際：他們有家族義務，或是無法負擔不斷旅行。不是每個人理所當然地都能拿到簽證，有些人有身體上的限制，讓他們不易旅行。Airbnb 的模式只是例外，即使遠距工作增加。

雖然在任何地方都能工作具備許多優點，但也可能導致新的問題。例如在非洲的科技業就擔心人才流失，亦即損失高資歷的職業人才。奈及利亞投資人阿瑪卡．奧克丘庫．歐帕拉表示：「我數不清有多少程式設計師完全遠距和全球客戶一起工作，還有全然離開本地的人。」她認為非洲的專業人力，尤其是在科技界，能全球性協助填補人力空缺，這些空缺是許多國家因人口老化而產生。同時非洲大陸的企業必須努力，以便能和外國企業集團競爭：

好比提供靈活的工作模式、育兒假和健康保險，企業文化要有包容性，或者將企業股份分給員工。

遠距工作也可以在其他大陸的鄉村地區提供工作機會，使他們有更多職業選項。企業能將人才庫擴張到區域以外。拒絕居家辦公的僱主，未來相反地會不容易找到好的員工到工作地點上班。

Airbnb 總裁切斯基也同樣表示：彈性讓更多人進入職場。工作配合生活，居住地不再是接受職位的關鍵。他指出的第二點也同樣深具意義：為了讓遠距工作良好運作，卻不至於讓歸屬感和企業精神完全喪失，需要一些規則。

我們需要新的規範

只是把所有的人都送回家辦公，或者引進混合形式，卻不思考這一切該如何運作，這並不是好主意。當然，如果一定要這麼做，還是能進行，但是對許多人而言，這些工作型態遠非合適，更多是運作不良。二〇二一年，將近三分之一的勞工在家裡辦公使工作負擔增加。坦白說，新冠疫情期間的居家辦公也不是我們未來預期會全面施行的機動上班形式，相反地，這段時間的特徵是居家上課和照顧小孩，沒什麼機會離開家門。但即使在封城時期，居家辦公對一些人的適合程度差異就顯示出來了。好比說，如果沒有技術支援或相應的新數位工作方式指導，或者使用新軟體，工作負擔就增加。要是住家不適合居家辦公，或者不易照顧孩童，也會造成問題。

新冠疫情期間，轉換成居家辦公同時也進一步深化傳統的性別角色：女性比較常轉成居家辦公，男性依然出門上班（並且創造職業生涯）。女性更常在異常的時間工作，要是她們必須照顧孩子，工作就比較沒效益。

我們如果不注意，過去工作世界的問題就會轉到遠距工作世界。為了讓工作未來不受地點限制，因此需要規範。要是大家一起都在同一個場所工作，那個地方的工作方式會幾乎自動地傳遞下去：可以看看其他人怎麼午休、開會和處理反饋。要是不再有共同的工作場所，就沒有可借鏡之處，那麼必須要有些規範，將過去心照不宣的部分明朗化。

記者安娜・海倫・彼得森（Anne Helen Petersen）和查理・瓦策（Charlie Warzel）的著作《遠離辦公室》（*Out of Office*）當中，把規範區分成「約束」（boundaries）——亦即界線，和「指引」（guardrails），亦即「防撞護欄」，他們表示：「防撞護欄在概念上不同於界線，界線可以想像成中性、可延伸的區隔，就像土地分界一樣，並不像粗暴的拖引車代表壓力，要你把所有時間填滿工作。」護欄相反地是以我們需要保護的理解來建構，「並非因為我們脆弱或沒有紀律，而是因為如今推動工作的力量具備肆無忌憚的摧毀性，尤其因為我們著迷於成長和生產力。這種力量輾壓我們最好的意圖，從我們的不安穩中搾出力量。」界線針對個人，護欄則是結構性的。「例如，要是你對某人說『隨你想在哪裡工作』，包括辦公室，那麼很可能像主管一樣工作，或是較常出現在辦公室裡的人會被視為比較投入工作。」彼得森和瓦策認為，沒有護欄，只會再複製過去辦公室的階級文化：「疫情後世界的彈性就只是同樣巨大、一團模糊的工作，特別有利於那些本就占優勢的人。」也就是不必負擔照護責任，或是外向、從不會因人際互動感到疲倦的人。

封城居家辦公期間，我們之中有許多人超過界線：越來越多會議、電子郵件、工作。知識工作者一週平均花在會議上的時間上升百分之兩百五十二，這是微軟的研究結果。好吧，有些公司比過去更加頻繁使用微軟的會議及通訊軟體 Teams，當然過去到場進行的會議一下子變成線上會議。但是還有其他指數證實，許多人比從前做得更多，平均工作日增加百分之十三，或相當於四十六分鐘，下班和週末的工作也增加了。有個女性朋友對我說，她之前就已經覺得無法再把任何會議塞進行事曆，從疫情開始，情況變本加厲。目前她的會議不只偶爾而是經常時間重疊，為了參加所有會議，她得複製自己才行。

此外居家辦公時，工作和休息時間的界線變得模糊。從前每天有兩個尖峰時間的工作特別多，也就是中午休息時間前、後。目前出現第三個尖峰時段：將近三分之一的人在晚上六點到八點之間工作。「這第三個尖峰和其他兩個有差異，因為它讓人產生疑問：是為了彈性工作，還是為了讓工作侵入個人休息時間？」為微軟進行生產力研究的沙姆西．伊克巴爾如此表示。

我在居家辦公期間，一開始也是不斷工作，為什麼不？晚上的通訊軟體訊息，週末的電子郵件，一個又一個的會議——只希望會議之間有時間稍微去一下洗手間。我本來有機會捍衛自己的界線，我位居領導階層，有個善體人意的上司，但是我依然沒有說不，於是就順勢過度工作。抗拒的力量要先匯集起來才有，還需要被允許說不的特權，尤其女性、有色人種和邊緣族群通常並沒有這種特權。

遠距工作的現實

那麼遠距工作如何能夠成功執行呢？我訪問威爾靈（Wildling），這是一家赤腳鞋的初創公司。官方來看，威爾靈的公司位在多山的恩格斯基爾歇，搭火車距離科隆約四十五分鐘，但是這家公司在恩格斯基爾歇並沒有大辦公室，員工遠距工作，而且一直以來都是這樣。創辦人之一安娜．尤納說明這個模式是「偶然」形成的，尤納在二〇一五年和丈夫朗一起開創威爾靈，兩人育有三個孩子，創立公司的時候就注意到，不要通勤工作會容易得多。安娜說：「這麼做給我們許多自由空間，我們樂於將這樣的自由傳播開來。」於是他們為員工引進遠距工作，她表示：「也因為我們不想要有辦公室。」因為要是有辦公室，他們也就必須出現在那裡。

但是整個團隊散落各處怎麼樣呢？安娜和朗如何確保工作日常能運作？安娜說：「我們很快注意到，我們需要特定程序，協助我們繼續良好地一起工作。」她指的一方面是企劃案管理的程序，但也包括文化進程。互相理解，清楚約定，協調工作和休息時間。「下班就是下班，週末就是週末。」安娜說：「我們不一定要追蹤或詳細知道你做了多少事情。」但是他們的員工應該為了自己掌握工作情況。要是某人加班太多，度假或生病時還工作，主管就會詢問，安娜表示：「彼此關注有其重要性。」

威爾靈百分之七十五的員工和主管是女性，其中之一是史佳麗·費斯特，她從二〇一七年開始在威爾靈工作，有個相當獨特的職稱「女性主義大使」。費斯特有兩個孩子，單親，全職工作，很高興自己每天無須為了抵達固定工作地點而安排通勤事宜，她說：「遠距工作對我而言，意味著我有更多時間能有效率地工作。」照顧孩子的時間固定，如果她在辦公室全職工作，就不容易辦到：「因為我獨自承擔責任，我就是不可能顧及各個時段的要求。」因為她遠距工作，於是可以彈性計畫，好比早上和孩子們有約。在家裡辦公也很適合她，她表示可以自行考量，她何時想專注做什麼事，何時開始，何時小休息一下，何時結束一天的工作，她說：「當然其中也隱含一、兩個風險，但是對我而言主要是好處。」

在家裡工作的人必須有紀律：尤其是時間上可以彈性完成的工作，讓自己不要分心是重點，好比因為必須洗滌衣物，或者要把碗盤放進洗碗機。居家工作同時讓人能很快地煮些東西吃，或是指導一下孩子的家庭作業，身為雙親尤其從中受益。

新冠疫情高峰時期卻是另一種景況：居家辦公還要居家上課，父母在這段時間的壓力異常沉重。在德國，超過三分之一的母親和整整百分之四十五的父親覺得在這個時期承受極大或非常大的負擔。有孩子的伴侶以及單親人士的心理不適明顯增加。尤有甚者：單親者的狀況本來就特別困難，在德國大約每五個就有一個單親帶著孩子，其中百分之九十的單親是母親。單親人士趨勢上賺得比較少，貧窮風險增加。全球疫情讓情況變本加厲：單親比較常利用托嬰幼兒的服務，這時卻沒有，他們必須獨自扛起：工作、照顧孩子、居家上課、操持家務。此外還要擔憂自己可能生病，再也無法照顧自己的孩子。對費斯特而言，居家辦公的彈性在那段期間並不足夠，她說：「根本辦不到繼續工作，同時把孩子上學和幼兒照顧塞進一個家庭裡，辦到這一切根本超乎人性。」提供她協助的是將她的工作時數減少百分之二十五——工資維持不變。這是威爾靈的福利，好讓身為父母的員工度過這段艱困時期，是正確護欄的好例子。

危機情況以外的護欄可以如何建構，可從美國一個例子看出，也就是軟體企業 Github，一千五百名員工住在超過六十五個國家，一直都遠距工作，該公司稱之為「全遠距」（all remote），因為它清楚說明「所有團隊成員都是平等的，沒有任何人，即使是主管團隊，會每天親身碰面。」沒有實體辦公室，沒有企業總部能讓部分員工或主管團隊聚集，而其他人可能被排除在外。所有的人都能在他們想要的地方工作，沒有任何一個地區或時區比其他的更重要。

為了有效運作，有清楚的指導方針，甚至還有遠距宣言，可公開閱覽。其中寫著好比可以在全球各地工作，有彈性的工作時間，知識以書面記載，資訊公開分享。每個人都可以修改文件，可以不同步交流。戴倫・莫夫的正式職稱是遠距主管，他說：「職業應該跟著你到你想生活的地方。」在全遠距環境中「如果你的生活有所改變，你的工作跟隨你。」

Github 非常開放地面對在公司中該如何工作，全遠距帶來哪些優點——以及哪些問題：孤單，缺乏交流，比較不容易讓新員工融入，需要多些計畫。每個人對自己的時間管理負責，必須自行清楚劃分工作和私人生活。Github 也對這許多問題公開一些解決方式，但是比較像「約束」而非「護欄」，好比其中寫著：「建立防止倦怠的文化從最高層開始。」公司檢驗成果而非工作時間。要是自覺出現倦怠的跡象，團隊成員應該去度假，並且和主管談一談。

我們注意到 Github 畢竟還是矽谷中的一個科技公司，生產力是企業目標，不管通往目標的途徑是什麼樣子。即使如此，我相信遠距宣言中有部分相當有意義：因為這些部分清楚顯示，模仿辦公室沒有意義，而是需要全新的工作方式。

主管必須遠距領導其他人：他們要可以被看見、被攀談，透明地作為，開放交流。尤其是大家不在同一個建築物裡工作，定期一對一會議對建立信賴是重要的。相反地，必須被指揮，每一個步驟都被控制則行不通。

良好工作如何評價需要規範，才不會總是那些最常出現在辦公室，坐在主管旁邊的人被提拔。必須說清楚，即使居家工作，生病的時候也要停止，照料家人是沒問題的行為，徹夜工作和延時工作不受歡迎。不可以要求隨時都能找得到人。

遠距工作的溝通也要不同地進行，經常不同步，透過電子郵件、通訊軟體如 Slack 或 Teams，或者藉助語音訊息，但也應遵守一定規則：哪些形式最有意義？我清楚地和他人溝通嗎？另一端的人具備所需的知識嗎？我會被誤解嗎？我一定要打斷對方的話，或者可以等一等？

為了即時澄清一些事情，會議有益處，但是也需要規範：要是接起視訊來電，會議結果做成書面紀錄，那麼參與會議對所有的人而言就非必然。要是訊息寫成書面，公司所有人員都可以運用，就比較不易濫用權力，也比較容易自行發現問題的答案。沒有清晰目標或課題的會議，根本就不應該召開。會議太晚開始或超時也不行。混合會議，一部分參與者在現場，另一部分則遠距視訊，這種形式應該避免。如果真有必要，每個人應該用自己的筆電連線。

Github 的所有員工都有自己的簡歷，其中不僅包括個人事項，也記錄這個人最佳工作方式，以及偏好哪種溝通形式。例如，遠距團隊主管莫夫的簡歷表明，他領養了孩子，樂於回答有關領養的所有問題，他喜歡工作日常有變化而非一成不變，他經常表達感謝，而且是真心誠意，當他沒有快速回應訊息時，他人不應感覺不受尊重，因為他偏好沒有打擾、集中精神的長時間工作期。

有了良好溝通，即使遠距也能創造群體感受。我長年和一些分布世界各地的人工作，其中許多人至今仍和我交好，我們彼此信任，可以坦誠談論問題，即使我們很高興能看到「真人」，距離卻也從來不是阻礙。為什麼？因為我們積極而且認真協調，因為我們定期約好視訊通話，談論的不是任何一個企劃，而是向彼此學習，互相幫助。因為我們不時沒來由地傳些訊息，只為了知道對方此刻過得好不好。因為我們其中一個遇上麻煩的時候，我們為對方付出時間。因為我們彼此傾聽，因此建立起關係。要是新的同仁須遠距適應工作，這麼做尤其重要。辦公室經常被視為這方面的較佳解決方式，但就算實地上班，也可能在面對新工作時覺得被孤立和忽略。好比說，清楚指派給新團隊成員一個對口同仁，在遇上問題和麻煩的時候提供協助。或者給新員工一張參加（虛擬）咖啡聚會的公司同仁名單，還是做一個清楚的計畫，列出何時必須學會什麼，並且協助新人達到這個目標。

最後，最重要的是信任——以信任取代控制。有些企業運用監控軟體，以確保員工確實在工作：軟體追蹤某人在鍵盤上打了什麼，透過網路鏡頭拍攝照片或擷取螢幕畫面。這不僅有個資保護的問題，還有更基本的：誰真的想為一家那麼不信任員工的公司工作？哈佛經濟學院企管教授塞達爾・尼利（Tsedal Neeley）表示：「要是你領導的不是一家十九世紀的工廠，沒坐在玻璃辦公室居高臨下看著員工組裝產品，那麼終極控制你的員工有沒有做什麼，其實就像工業時代一樣古老。」對許多企業和主管而言，這可能是最大的障礙。

但是信任卻沒有規則也不足夠，因為遠距工作如此一來會導致剝削。不計時居家工作的勞工，如果是全職員工，平均每週加班工作三個半小時。如果他們記錄自己的工作時間，則每週加班三小時。要是企業記錄工作時間呢？加班工作降到每週兩小時。要是工作時間由公司記錄，勞工也能得到比較好的休息時間。有企業工會組織，或是簽訂團體契約的企業，比較能做到這種時間紀錄：有企業工會的公司當中將近三分之一由公司記錄居家辦公的時間，沒有勞工代表的企業當中只有百分之十九能做這樣的紀錄。如何關閉遠距工作狀態也是員工有發語權的事項，但這並不意味著居家辦公必須固定從早上九點到晚上五點，畢竟彈性正是居家辦公的優點之一，但彈性同時並不代表無止盡地工作。

但是在接下來幾個月當中必然有所改變：德國聯邦勞工法院於二〇二二年判決企業主必須有系統地記錄員工的工時，歐洲法庭早在二〇一九年就已經做出類似的判決，目前就要開始執行——並且適應未來的工作。

在其他國家也設定了法律框架。在荷蘭，居家辦公應成為法律主張，企業主必須提出有效的理由才能禁止員工居家辦公。遠距辦公在荷蘭早已非常廣泛：二〇二一年，百分之五十四的勞工至少斷斷續續在家裡工作。但一項針對員工的問卷顯示，直至目前還是可能沒有說明理由就被拒絕居家工作的要求。在德國，聯合政府的合作協議當中記載著所謂的「深入討論的訴求」：未來機動工作的期望只有在「違反企業利益」時才可以被駁回。此外德國勞工「可以在全歐無礙」進行機動工作。目前尚無相關具體法條。

此外歐洲國會於二〇二一年決議推動所謂「屏障權」，現在必須由歐洲聯盟委員會設定法律框架，然後在會員國施行。遠距或居家工作的勞工於是可以在某些時間屏障公司要求：除了工作時間內，週末、假日、度假時無須回應公司的來電、電子郵件或數位交談。法國二〇一七年就已經有這類屏障權。但是所謂的「艾爾－孔麗法」（El-Khomri）——依照引進該法的勞動部長命名——並不特別強而有力：對違規公司沒有罰則，企業如何實現這個權益，則由企業主和勞工代表協商。比較像是「約束」而非「護欄」。法國的另一條法規相反地很清楚是種「護欄」：辦公室員工不可以在辦公桌邊吃午餐，而是必須外出用餐，也就是沒有「悲傷桌邊午餐」（除了剛好碰上疫情，因此法條暫時失效）。但此法並不適用遠距工作，因此這方面也不需要清楚的護欄以避免午餐時間持續工作。畢竟我們都知道：中間休息有其必要，才能讓我們健康工作。

即使再怎麼喜歡遠距工作，當然還是有些好理由讓大家實際聚在一起：工作日是主管期盼，或是同事會覺得寂寞，這些都不是好理由。一起進行的團隊會議，討論困難的課題，或是連結社會接觸則明顯是好理由。重點是這方面也經過清楚溝通，讓大家明白為何親身聚會有其意義，員工會從中獲得哪些附加價值，有哪些目的，這一切做得並不夠頻繁。

對許多人而言，未來工作會是混合型：有時出現在辦公室，有時則遠距。這是好型態，因為混合型工作者比較滿意，自覺比較有生產力，交出可測量的成果，這是一項美國的研究所呈現。不管混合型還是實地工作，並沒有顯著影響成果如何被評價，或是誰較受重視。但是如呈現的，混合型的居家辦公勞工雖然工時比較短，實地工作日和週末工時卻拉長。此外視訊通話和聊天訊息的使用增加，即使混合型工作的人就在辦公室裡。混合型工作因此改變了工作的結構和模式，當工作與我們的生活如此緊密相關時，它並不總是最好的，每個人都必須清楚這一點。企業因此必須創造護欄，好讓員工不必一直捍衛自己的界線。

居家辦公對氣候好嗎？

只要有正確的框架條件，居家辦公不僅對我們有益，對氣候也好。居家辦公不斷被視為節省能源或減少碳排放的可行之道，其中有具體兩點：在家裡工作的人一方面不須通勤——和減少工時的優點類似；另一方面家裡的能源消耗增加，而在辦公大樓及其他工作地點的能源消耗可能減少。因此有必要仔細審視其中細節。

二〇二〇年四月，我們看到居家辦公對溫室氣體排放有哪些影響：全部的場所都關閉，許多人在家裡工作。占全球二氧化碳排放量百分之九十七的六十九個國家，氣體排放短期間降到二〇〇六年的水準。最節省的是交通，當然是因為不再通勤。比較少能源被消耗，工業排放量降低。然而這些數字並不真正具有代表性：我們在封城。不僅辦公室關閉，就連商店、旅館、餐廳也停業。非基礎必需人力就坐在書桌邊，頂多偶爾去散步。沒人想要遠距工作在未來也是這副樣子。

即便如此，居家辦公當然有助於減少氣體排放：通勤占德國所有里程數的百分之十七，其中大部分，亦即將近四分之三是開車通勤，百分之二十以公共交通工具通勤，百分之四步行或騎自行車。大部分的人獨自通勤，汽車裡平均坐著一點二個人，汽車因此占通勤氣體排放的百分之九十二。

二〇二〇年四月，有工作的人大約百分之二十五到四十居家辦公，這是可做為基準點的潛在基數。要是未來四分之一的勞工每週多一天居家辦公，每年可減少一百六十萬噸二氧化碳當量排放，每年因通勤產生的排放量可減少百分之五。每週兩天居家辦公，可以達到每年減少三百二十萬噸二氧化碳當量排放[5]。

居家辦公就不用通勤，這已經算不錯了，但是其他方面，好比電力、暖氣和瓦斯消耗呢？疫情的最初幾個月，電力消耗總共減少百分之十五到二十，但家用支出卻上升，正因為工作場所被轉移到住家。居家辦公的人據估計消耗的電力增加百分之二十五，瓦斯增加百分之十七，用於電器、網路、視訊會議、暖氣以及在家裡烹飪午餐。要是在辦公室裡開燈、開暖氣或空調，而員工居家辦公，最糟糕的情況可能導致能源消耗更高。固定的居家辦公日或是縮短工作時間會占優勢，好比每個星期五辦公室不開燈，節省潛能比較高。此外還有成本問題，美國法學教授瑞秋．寇爾（Rachel Kohl）表示：「要是你在辦公室工作，企業要負責支付暖氣和水費；如果大家居家辦公，部分辦公室關閉，成本就被轉嫁到僱員身上。」因此產生一個問題，企業應該在這方面提供多少成本支援，或是政治是否應介入，如果居家辦公是由政府發出的指令。上升的能源價格此外可能成為居家辦公的限制要素，還有網路連接的品質，以及是否有地方可不受干擾的工作，好比擁有自己的書房。

如何在家裡工作也會造成差異：機動工作如果使用公司提供的筆電，居家辦公則需要設置額外的裝置。製造電腦和其他科技儀器要開採鈷和鉭，必須將這些能源消耗計算進去。越多數位溝通也意味著消耗更多能源，光是每個勞工寄發的電子郵件平均每年就排放一百三十五公斤的二氧化碳當量，相當於從慕尼黑開車到蘇黎世，或者從柏林開車到布拉格。一次視訊會議消耗多少二氧化碳當量取決於網路連結和畫質，但一清二楚的是如果用電子郵件取代視訊，對氣候和行事曆都好，要是能以視訊會議取代商務旅行也不錯，例如四個人想在司圖嘉特碰面，而其中兩個必須從柏林過來，要是不搭飛機前來，而是開視訊會議，可以減少超過百分之九十的二氧化碳。其他情況

5 二氧化碳當量（CO2e, carbon dioxide equivalent）是測量碳足跡的標準單位。

也讓人懷疑機動工作對生活方式有何影響：人們會因此從大都市遷出，搬到比較大因而使用較多能源的公寓或房子嗎？他們會減少使用公共交通工具？辦公室面積若減少會使得能源消耗降低嗎？就像工時問題一樣，唯有生活型態改變不會同時危害氣候之下，節省才實際。

還有：居家辦公並非一律對氣候友善，而是取決於住在哪裡，如何取暖，如何通勤上班，通勤路程遠近，以及當時的天候。請想像一下，我在冬天居家上班，那麼我排放的碳量和我開車到辦公室上班一樣，為什麼？因為我必須開暖氣，在德國很多人用煤油和瓦斯加溫。相反地，夏天居家辦公在德國對氣候比較友善，在西班牙反而值得通勤到辦公室上班，原因在於西班牙的高溫讓人們開空調，於是在家排放更多二氧化碳。因此能源節省潛力在不同國家也有差異：在德國如果採用混合式工作，可以節省達一千兩百二十萬噸的二氧化碳當量，這表示每人平均可節省達五趟從柏林到倫敦的單程飛行。

提供無法居家辦公者彈性

遠距和混合型工作成為我們工作新現實的一部分，但真正發揮作用要等到過去現場工作的陷阱沒有變成數位工作的圈套，直到轉變被運用而達成真正的改變：適當的護欄，更平權，更多參與機會，良好工作如何評價有清楚規則，企業創造護欄好讓員工不必一直捍衛自己界線的那時候。

機動工作的人不必獨自坐在廚房或書房桌邊，而是我們看到新的模式，有一起辦公的空間、茶水室，邀請大家來工作，居民不只睡覺才在家的城區評價提高。

還有其他那些不能輕易改成居家辦公的人呢？因為他們在養護之家或醫院工作，在建築工地或當地超市工作，他們也需要更多彈性，因為彈性有助於使生活和工作能更協調，排除一切必辦事項必須擠在週末兩天完成的困境。

因為彈性減輕照護工作負擔，能讓他們更滿意、更好地工作。彈性有不同面貌，好比行政工作，也就是經常伴隨工作而來的文書作業，或是進修也可以遠距完成，只要創造適當的框架條件。另一種可行性是提供不能居家辦公的人時間補償，好比可以是額外的休息日，以便醫療預約或前往政府機關，讓他們可以更容易或更好地融入生活，因為相對於辦公室人員，必須因此一再請假的人顯然居於弱勢。

然而，彈性在其他業界通常沒有施行得很好，好比在製造業，莫里茲・漢莫樂（Moritz Hämmerle）形容：「還在久遠的石器時代。」漢莫樂在司圖嘉特弗勞恩霍夫勞動經濟與組織研究所（Fraunhofer Institut für Arbeitswirtschaft und Organisation）領導認知工程、製造與未來工作實驗等研究領域。他多年來研究一個問題，即工業如何進行技術變革，以及這對製造業的工作意味著什麼。他說：「當我們提問，人們期盼什麼，回答通常是簡單的訴求：兼職、就算以彈性工時也能偶爾休一天假、照護的時間、一段時間的工時比全職時短一些，但有權要求回到工作崗位。」

這些需求不同於辦公室工作，和工作本身相關。在工廠工作的人需要親臨現場：在機器、設備和產線旁工作。漢莫樂表示：「工廠裡的工作比在辦公室裡的固定許多。」在辦公室裡雖然有任務交件期限，但是完成的方式可以自由分割。相反地，在工廠裡的一切步驟都緊湊得多，供應時間更僵化：「我身為企業主今天就需要一個人，而非接下來幾週某一天。」

但是需求變化多端，這和市場相關，也取決於在哪段時間必須生產多少量。好比說，機器在週末繼續運轉，但不需要某人整天一直待在旁邊，漢莫樂以具體例子說明：有時只需要一個專業人士工作二到三小時，「但是他賺得的薪資就像他整天都待在那裡一樣」。各種時間帳戶可以協助僱員獲得更多彈性：透過這個帳戶，企業主可以雇用專業人士之一，原則上雙方透過軟體協調。

通常在特定時間，例如夏季的主要度假期，經常缺少訓練有素且合格的員工。尤其對中等企業是個問題。漢莫樂認為這方面有個實際的解決方式，能使工作更有彈性，同時也提供穩定性：多重契約工作。某人擁有穩定的全職工作，但是這份工作由二或三家公司共同提供，此人提供每家公司三個階段的工作意願：一個階段是他隨時都能工作，理想情況是協調出一段時間，公司在這段時間預期有大需求。另一個階段是他絕對不工作，例如因為個人的度假計畫。再一個階段是他根據需求空下來，如果有需要的時候，他就能工作。其他業界已經實現這個模式，漢莫樂舉出歐洲連鎖超市奧樂齊超市（Aldi）以及麥當勞做為例子。在新冠疫情初期，餐廳都關閉，生活用品零售商迫切需要工作人員。因此這兩家企業結成人員夥伴關係：麥當勞的員工被介紹到奧樂齊，在超市以現有條件限期雇用，並且有機會之後再返回麥當勞工作。這是種雙贏模式，工業和手工業也能從中獲益，好彌補專業人力缺口。這種模式的薪資當然要夠好，也必須提供穩定性及良好工作條件，是雇用兼職的公司無法提供的。根據漢莫樂的看法，其中唯一的問題是德國勞工法規還不願為這種解決方式鬆綁。

此外他認為製造業的心態必須有所改變。矽谷的辦公室風格已經改變，工廠卻沒有為了使工作職位增加吸引力多做些什麼。根據漢莫樂的看法，這和工作方式相關。在辦公室裡需要創意空間，能使人員超越辦公室思維，掌握其他想法。相反地，在工廠裡一切都如慣常進行，比較重視成本，生產力絕對是重心。「要是兩個人坐在辦公室裡，老闆走過去，可能會想他們一定是在討論某個企劃。」漢莫樂表示：「如果在工廠裡有兩個人站在一起，目前更常聽到的話卻是『年輕人，你們沒事做嗎？』。」製造業的心態迫切需要改變。

進修也必須獲得比較高的評價，應被視為工作的相關部分。因為沒有持續進修，未來沒有任何工作能發揮作用——世界轉動實在太快了。

此外下屬和上司對彈性的理解差距通常太大。我最近在一家咖啡廳裡經歷到一個例子，店東期盼員工盡可能提出能工作的時段，她說這種彈性對公司很重要，她說：「我學到應該配合工作安排日常生活。」兼職的員工卻捍衛他們眼中的彈性：他們決定自己何時能工作，工作必須配合生活安排。這兩種不同的視角在接下來幾年還會帶來摩擦，但只要勞工占市場優勢，鑑於專業人力缺乏的現實，對彈性的看法將會傾向勞工一方：配合生活的彈性工作，而非反過來。

要是工作真的公平會怎樣？

如果我們想要使工作發生變革，相關的當然不只是在何處及何時工作。我們工作世界最大的問題之一依然是不公平。在理想世界裡，工作（以及生活其他部分）對每個人都運作良好，但是我們目前其實還差得遠。要是我們未來真的想要比較良好地工作，我們也必須要創造公平。

在工作世界談論公平總會聽到三個概念，目前已經被總結成一個縮寫DEI：多元（Diversity）、公平（Equity），及包容（Inclusion）。幾乎每個企業都或多或少接受這三個概念，但要是只在企業網頁上寫些和公平相關的文字，或是每年在門口懸掛彩虹旗，這並不代表他們做得特別多。此外只看企業本身並不足夠，因為我們對工作平權認定有個重點，就是照護工作是否不公平分配。本章探討的就是工作世界裡這兩個不公平的面向。

為何多元、公平和包容如此重要

「請全身心投入工作」，談論工作該如何對每個人都有益的時候，我們總會聽到這句話。不要擔心，你可以完全做自己，但這真的正確嗎？當然不，因為對某些人而言，他們的工作比起其他人要沉重得多。因為，可惜我們依然生活在某些人特別占優勢的結構裡，這些人在德國是——抱歉，我必須清楚寫出來——白人男性，或者更具體一些：白人直男，沒有身障，來自原西德。

我們今天所知的工作世界由他們以及為他們而創造，無法融入這個模板的人只能算他們倒楣，更難在職業上站穩腳步、晉升，無法在工作中感覺自在或穩定地工作。如何顯現則有所不同：身為黑人女性[6]，我的工作世界不同於同性戀身心障礙男性或是跨性別的人。但是我們每個人不是都該能好好工作嗎？

要走到這一步，上述三個概念不可或缺：多元、公平和包容。但是這些概念究竟是什麼意思？多元意味著結合來自不同現實的人們，創造一個多樣的工作世界。例如，這意味著我不會是工作場所唯一的有色員工（或是唯一的女性，或者唯一四十歲以下的員工）。如果成功創造多元性，工作場所沒有人會感到孤單，被要求代表一整個族群發言。但這只是開端，還需要更進一步，也就是公平和包容。公平意味著平權或同等對待。不是每個人都受到相同對待（這是平等 Equality），而是根據個人需求給予支援，使他們能得到他們的最佳工作，也就是真正的機會平等。包容意味著每個人都有歸屬感，並且感覺受到重視。想讓每個人都自覺是團隊一份子，而且以他們本來面目示人，無須改變自我。此外這個概念也常被用在描述身心障礙人士參與工作。

6 我在此處將「黑人」大寫（原文），因為這是自我表述，重點不在（皮膚）顏色，而是在一個由多數白人主宰社會裡的社會及政治立場。

薇娜・邁爾斯（Vernā Myers）是全球最知名的ＤＥＩ領域專家，她負責網飛（Netflix）的包容策略（Inclusion Strategy），針對這個主題撰寫書籍，贏得許多獎項。她的引用語甚至受商標保護，翻譯過來可說：「多元意味著被邀請參加派對，包容意味著受邀起舞。」

我記得我在許多情況下雖然參加派對，但是卻被要求為其他人奉上香檳。有年長的同事要求我去幫他倒咖啡，訂旅館，畢竟他沒有秘書。還有個女同事，沒經過我的同意就摸我的頭髮。是的，幾乎每個黑人女性都碰到過這種事，而且，不，這一點都不能接受。我還記得那些我被問到我究竟從哪裡來的日子，這些都還是相對無害的例子。但是這些片刻，所謂的微歧視——都會留下痕跡。要是你一直有種和他人不同、不屬於這裡的感覺，或者必須為自己的存在辯護，這是很累人的事，是能導致倦怠的自身因素。

但對我而言，最糟糕的是我的世界崩塌的那些日子，其他人卻照舊生活，就像什麼事都沒發生。不是因為我個人問題，而是因為世界一下子呈現出最惡劣的那一面。當我聽到喬治・佛洛伊德（George Floyd）被謀殺的事件，二〇二〇年五月二十五日，他在美國明尼蘇打州被一個白人警察射殺，當時我不知道我該如何撐過下一場會議，更別提一整個工作天。佛洛伊德看起來就像我的父親、叔父、表兄弟，他很可能是我的家族成員之一。我感覺他的死亡和我個人相關，我腦子裡不斷有個想法：這一切完全可能發生在我的家族成員身上。這對一個人造成的影響幾乎難以言語形容，特別是因為這種事情一再發生。因為這當然不是我第一次看到黑人被警察射殺的影片，或者讀到相關報導。艾瑞克・卡納、麥可・布朗、塔米爾・萊斯、瓦特・史考特、亞頓・史特靈、費蘭多・卡司提爾、萊林・波蘭寇、阿塔蒂安娜・傑佛遜、湯尼・麥克達德、布蕾翁娜・泰勒、丹特・萊特，你們認得這些名字嗎？我知道每一個，因為他們的死亡是我的現實的一部分。對我而言，這樣的日子是讓我覺得無法工作的日子。

像這樣的事件特別打擊某些群體。德國哈瑙的種族謀殺，波茲坦市歐柏林之家因仇視身心障礙者發生的謀殺，對同性戀和跨性別人士如馬塔・C的仇視攻擊，他在明斯特同性戀遊行時，被毒打至死。然後工作日又開始了，沒有人談論這些；當你只想哭著躲在被窩裡，或者只想朝著世界吶喊出你的怒氣時，沒有人問你好不好。但是，喬治・佛洛伊德死亡之後，黑人群體的吶喊如此強烈，使這個課題在一些企業當中被提出來談論，或者某個黑人同事需要休一天假，或是可以將代辦事項暫時交給他人。但是之後請拿出百分之百的生產力。就像新冠疫情期間和氣候危機時期，我們也沒有機會停下來面對真正的問題，相反地，我們只是繼續工作，就像一切都沒問題。

曾向德國反歧視單位舉報的歧視經驗有超過四分之一發生在工作環境當中。種族歧視、能力鄙視和性別歧視占所有舉報將近百分之九十。許多人覺得在工作崗位上並不安全、不被理解或是沒有受到足夠的重視，我說「很多」，那麼意思就是「很多」。德國人口的二分之一是女性，其中百分之十三在過去三年曾在工作場合受到性騷擾，是男性的兩倍。德國四分之一的人口有移民背景，他們本身或至少雙親之一不是生來就具備德國國籍。二〇二〇年的非裔人口普查，一項對德國黑人提出的問卷指出，超過二分之一的受訪者回答，曾在工作上受到種族羞辱。戴頭巾而且有個土耳其名字的女性，她必須比其他具備同樣資歷、德文名字而且不戴頭巾的人多應徵四點五次。擁有德國護照的人的時薪比外國員工多百分之十三。大約百分之七的人口自認為LGBT，將近四分之一的同性戀者在過去十二個月當中曾在職場被歧視。近百分之十的德國人口是重度身心障礙者，經常被一般就業市場排擠在外，下文我還會再進一步討論，因為這特別清楚顯示，我們的工作世界依然欠缺包容性。還有年齡、信仰、文化、語言、政治取向、教育和社會出身都是多元特徵——也是人們被歧視的原因。兩德統一超過三十年以來，東、西德之間依然存在落差：德東人的工時比較長，薪資比較低，少有人晉身領導階層。

被多重邊緣化的人的情況更嚴重：因為他們是黑人女性、跨性別有色人種、同性戀，或是身心障礙者。這些情況被稱之為交叉歧視，這是黑人律師金伯利・克倫蕭（Kimberlé Williams Crenshaw）提出的概念，描述多重歧視，以及多種歧視形態和經驗交錯，並且彼此相關。好比非裔人口普查當中，接受訪問的黑人女性有一半曾因性別被歧視，但是只有百分之二點七的黑人男性受到性別歧視。重度身心障礙的女性，在職場受到歧視的頻率高一倍，經常被排除在升職機會之外。當我們談論平權，就涉及所有這些因素的共同作用。讓每個人有同樣權利參與勞動世界，這是我們的目標。

個人要獲得公平機會的道路還很艱難，因為缺乏所需結構——也因為典範不多，沒有人曾經歷類似的職業生涯，而且具備類似的根本先決條件。影片製作人也是劇本作家珊達・萊梅斯（Shonda Rhimes）稱之為 F.O.D.：第一（first）、唯一（only）且與眾不同（different），指的是那些首先走過原野，期盼身後出現一條小徑，某一天會被築成真正的道路的人。他們「帶著特殊責任」，不論他們想不想要。工作世界的 F.O.D. 例子是珍妮佛・摩根（Jennifer

Morgan），她在二〇一九年成為第一個領導一家德國 DAX 指數企業集團的女性。或是佛蘭琦・昆納（Fränzi Kühne），二〇一七年她被推舉成為一家股票上市公司董事會裡最年輕的女性成員。或是燦牡・歐茲德米爾（Cem Özdemir），她在二〇二一年宣誓成為第一個土耳其裔的聯邦部長。

光是選擇職業就經常出現障礙。要是我根本不知道我有哪些選項，我該如何走上自己的道路？要是我從未看過外表和我相似而且正從事我的夢想職業的人，我該怎麼走？「你不能成為你未曾見過的人。」美國民權和兒童權行動家瑪麗安・萊特・埃德爾曼（Marian Wright Edelman）這麼說。愛莉絲・哈斯特斯（Alice Hasters）在她的著作《白人不想聽但應該知道的種族主義》（*Was weiße Menschen nicht über Rassismus hören wollen, aber wissen sollten*）當中寫著：「所有主要在白人環境中工作的 BIPoC[7]，肩頭都背負著非自願的

7 BIPoC 是「黑人（Black）、原住民（Indigenous）、有色人種（People of Color）」的縮寫，這個名詞讓黑人和原住民認同顯而易見。所有這些標示，都是各族群自選的。

責任。我們的職涯就是政治，我們所做的決定通常比我們個人更重大。我希望目前在學校裡的 BIPoC 能比從前的我洞察更多事情，早一步理解自己能成為任何一種人，無須自我偽裝。」成為記者，對我早就感覺有點奇怪——對愛莉絲也是一樣。許多業界模範都是年長的白人男性，我在德國不認識任何黑人女性記者。目前情況已經有所改變，這是個良好而且重要的發展。

然而，工作世界的高層還是相當白、相當男性。我們可說有個男性最低名額，即使幾乎沒有人會想這麼說，但是，所有這一行最頂尖的人士看起來剛好都一樣，以統計數字來看真的實際嗎？或者過去的工作世界就是對這個族群特別有利，因為正是他們創造了這樣的世界？

女性在工作世界依然屈居弱勢

工作世界有多不公平，只要看看女性相關數據就能特別快速一窺究竟。

當然這些數據並未呈現完整真相，只以二元表達性別相關，其他多元要素則被隱藏，不過如此一來讓女與男的比較可輕易計算。這兩個族群各占人口和勞工的一半。

在德國，女性占主管人力比率不到百分之三十。看看大企業集團的最高主管階層，也就是大部分金錢及權力集中的地方，情況就更慘澹了。德國一百六十家股票上市公司的董事會當中，二〇二一年九月時的女性占比低於百分之十五。這些大型集團有大約一半根本沒有女性董事。初創企業同樣也沒有女性而成長：過去五年進入德國ＤＡＸ的三十家年輕企業當中，女性擔任董事的比率在二〇二一年四月才剛好百分之十。德語稱之為湯瑪斯循環：湯瑪斯雇用的湯瑪斯雇用湯瑪斯——湯瑪斯是德國股市董事會當中最常出現的名字，董事會裡的湯瑪斯和麥克比女性還多。不過在初創產業的世界裡，情況還是稍有不同，最常出現的名字是克里斯提安——這個世界裡的克里斯提安及史蒂芬比女性還多，這一定是大家常說的「文化契合度」（culture fit）。

上述一百六十家上市公司監事會的女性占比目前達到三分之一，這要歸功於保障名額。監事會的女性名額從二〇二一年開始引進保障名額，董事會如果成員超過三名，必須至少有一個位置要給代表性不足的性別。但是配額規範只適用於大約一百家企業集團。其他三千五百家企業必須設定目標額度，好提高監事會、董事會以及最高管理階層的女性占比。但是企業如果違反規範並沒有任何罰則。此外目標額度零，也就是沒有任何一位女性也被許可。所以如果某家企業表示，寧可公司高層全都是男性也完全沒問題。

即使這些數字讓人相當清醒，但是有個女性保障名額已經是正面發展。因為我們早已看夠了，如果任由企業自願行事並不會發生任何改變。女性配額在理想上是個過渡解決方式，直到比例平衡為止。企業原則上知道員工的性別與國籍，女性占比相對容易計算。其他多元觀點大部分都缺乏數據。董事會裡有多少有色人種？有多少同性戀？這些都沒有正式數據。其他國家的情況則不同，美國許多大型企業發布員工以及最高階領導階層的多元數據。

這些數據都是人員自述，沒有人想被他人塞進特定標準，而是每個人都能自行決定哪些描述是正確的。德國沒有這些數據是棘手的事，因為如此一來，該如何確認何處以及還必須改善多少，才會讓我們的工作世界變得更多元？因為沒有多元性，公平及包容也不易達成。此外，這不僅對那些工作世界終於運作比較良好的人重要，對僱主也是種競爭優勢：德國十名專業及領導階層人力當中有四名找工作時會刻意關注企業的多元性。百分之七十的人認為，在一家可信地致力於多元與機會平等的企業就職，將擁有比較良好的職涯機會。無數研究證實，混合型團隊運作比較良好，帶來更高營業額。同時也有研究證實，德國企業當中的多元和包容性的進步緩慢。如果結論必然是德國工作世界必須更多元、更公平也更有包容性，才能在未來維持經營，我也覺得完全沒問題。

當然工作世界不只涉及企業集團以及領導階層，即使因此便於描述問題。

大部分的人不會成為首席財務主管或總裁，而是從事一般的工作，好賺錢以及建構美好生活。但是這對那些白人、男性而且沒有身心障礙的人也沒有比較容易，出身良好的人也不例外。德國一直在藉由教育達到社會晉身方面有困難：雙親如果不是受到良好教育的人，這類出身的人也比較沒機會達到較高的教育水準。雙親學院出身的一百個孩童當中有七十九個會進大學，出身工人家庭的孩童只有百分之二十七。六百二十萬個德國成年人是功能性文盲[8]，其中超過一半就業。比較不識字的成年人將近二分之一教育程度低，而且／或者不是德語母語者。無法正確閱讀和書寫的人，在工作世界並不好過。

移民經常在多重不穩定之下工作，這表示不僅工作關係通常不穩定，生活關係也不安定。他們大多在低薪行業工作，好比清潔或照護人力、肉品工業、農業或物流業。他們薪資不好，只有限期工作契約，或者工作沒有社會保險義務。他們通常也缺少和同事圈的連結。雙性人、跨性別以及非二元性別的人通常遭受長期失業，或是在低薪領域做著比較不穩定或不規律的工作。

身心障礙人士依舊經常做兼職，大多是協助性人力，或者不是他們受教育學習的職業——如果他們能夠進到一般就業市場的話。

德國就業市場缺乏包容性

具有包容性的工作世界應排除上述障礙，或者至少部分加以降低。這些障礙目前一般還有多大，能藉助一個族群的例子清楚呈現，這個族群很大，同時在就業市場明顯不具代表性，亦即身心障礙者。德國有將近八百萬個重度身心障礙者，占人口總數百分之九點五。凡是福利機關判定身心障礙程度超過五十以上，就屬於重度身心障礙人士。總人口百分之四十和慢性疾病患者如關節炎、糖尿病、多發性硬化症（MS）、偏頭痛、愛滋病帶原或是心

8 這類「文盲」雖然識字，但只能閱讀、書寫幾個句子，有些連短文都讀不懂其中意思，無法適應複雜的社會生活。

理疾病患者住在一起，這些都能導致人們無法或只能低度工作。重度身心障礙者的就業比率，介於十五到六十四歲者低於百分之六十，非身心障礙者的就業比率相對地超過百分之八十。

新冠肺炎讓情況更加惡化：二〇二一年十月，德國重度身心障礙者失業的比率，比起前兩年多了百分之八，包容性程度掉落到二〇一六年的程度。身心障礙者求職時間平均比其他人多了一百天。但是被包容接納是人權。身心障礙的人和沒有身心障礙的人具有同等的工作權，他們有權要求機會，藉由工作賺取生活所需，並且自由選擇職業。

但是通常在這方面一再失敗。「我們發現，幾十年來投入許多經費，有推動計畫及倡議，但是卻沒有動搖真實數字。」安娜．葛爾斯多夫（Anne Gersdorff）這麼說，她為「社會英雄組織」工作，她負責「工作包容」這個企劃，旨在使更多身心障礙勞工進入一般就業市場。她有身體障礙，坐在輪椅上。

身心障礙人士參與工作權受到規範：其實員工多於二十人的企業必須至少雇用五位重度身心障礙者，沒有達到額度的公司每月必須支付補償金，所謂的重度身心障礙補償金，要為每個缺額每月支付一百四十到三百六十歐元。企業距離百分之五的額度越大，支出就越高。適用這項規範的企業有整整百分之七十五雇用重度身心障礙者，但其中將近一半只有部分履行雇用義務，因此必須支付補償金。這筆錢部分支援身心障礙者，部分資助身心障礙者的工坊。

但正是這些身心障礙者工坊造成問題：其實這些工坊應該為他們總共三十二萬名的員工進入一般就業市場做準備，但是轉介率卻低於百分之一。勞工在這些工坊並未獲取最低薪資，而是平均時薪大約一點三五歐元，工時介於每週三十五至四十小時。他們沒有一般勞工的身分，沒有工作契約，因此並不享有勞動法權益。官方看來，工坊裡的工作對身心障礙者只是復健措施——雖然工坊營利，每年營業額達到八十億歐元。許多勞工必須額外申請社會救助金，因為這裡的薪水不足支應生活所需。包容性的另一個重點同樣沒有達成：在這些工坊裡，身心障礙者並未和非障礙者一起工作，而是全體都是身心障礙者——和一般工作世界分隔開來。許多大企業，好比福斯汽車或西門子，還有初創企業讓身心障礙工坊製作產品，或將服務部門轉到工坊。將合約轉向身心障礙工坊的公司，可以減少計算百分之五十的補償金。

除了這類工坊之外，還有職業訓練機構，身心障礙者可在其中接受職業訓練。但是這裡大多也只訓練身心障礙者，並未創造包容環境，幾乎沒有轉介到一般就業市場。「我們有個由身心障礙工坊和職業訓練機構組成的強大分隔系統，由我們的社會所確立。」葛爾斯多夫表示：「工坊和其他特殊機構系統必須長期被排除。」不可以在這些地方為大企業製造產品，錢卻沒有流向勞工。身心障礙者被交給特別機構以受訓和工作——在促進就職的幌子底下，如葛爾斯多夫所表示。不只像葛爾斯多夫這樣的行動者認為這類工坊應該被廢除，就連聯合國專家委員會也抱持同樣看法：二〇一五年就建議逐步廢止身心障礙者工坊，因為它違背保障工作權，這個權利深植於聯合國身心障礙者權利公約。

轉念慢慢才發生，專業人力缺乏也有影響：「許多企業寧可接受身心障礙者，他們或許只能完成部分工作，但總好過完全沒有人力。」葛爾斯多夫表示，她覺得這一方面有困難，另一方面也許打開就業市場。至於誰被雇用，許多企業只接受具備學位的身心障礙者，「他們想要像我這樣的人，」大學念社工系的葛爾斯多夫表示，「而非有心理障礙或學習困難的人，企業必須為這樣的人改變流程或任務。」企業提到身心障礙者，他們想到的經常是坐在輪椅上的人。企業以為，他們不能雇用身障者，因為建築物的門不夠寬，或者有樓梯。但這犯了兩個層面的錯誤：其一是有許多人雖然身心障礙，但不使用輪椅；另一方面有許多管道可獲得改建補助。哪些企業認真思考包容性，可以看看企業網頁是否出現身心障礙者員工的照片，葛爾斯多夫表示：「可以在徵人啟事看到企業提及相關議題，有個對話窗口，也可以找到聯絡方式。」最好是使企業具備固有動機，讓他們雇用身心障礙者，葛爾斯多夫表示：「但不可能辦到這一點之前，提高限額或是補償金也有幫助。」

朝向更為包容的一大步會是提供更好的諮詢。葛爾斯多夫完成學業時前往職業介紹所，她被介紹到學者部門——直到她提起自己是身障者，突然間她被轉介到另一個部門，負責社會復健的部門。她被壓縮到只剩下身障，就和其他許多身心障礙者一樣。她表示，身心障礙者經常即使擁有任何資格，也只會被建議前往工坊工作。許多身心障礙者不被信任能擔任特定職位，這方面需要進一步賦權。此外必須要能更良好溝通有哪些經濟支援，例如葛爾斯多夫擁有一部特殊的筆電，一個小小的活動坡道，可在商務旅行時使用，還有一部她接受補助購買的汽車。她的二十四小時輔助同時也是她的工作輔助，好比協助她組裝筆電，或者在工坊當中分發工作單，這讓她有更多參與性。她的同事們也能「有所回饋」，她表示：「我們在團隊裡有相同的權利。好比我可以順便幫他們帶咖啡，而非總是只有自己拿到咖啡。」

如何更良好達成包容，可以看看瑞典的例子。這裡有百分之七十一的身心障礙者在一般就業市場工作，以總人口數來看則達百分之七十九。就像在德國，瑞典也有身心障礙者工坊，但是他們的重要性要低得多。此外，和德國最大的差異在於，瑞典有所謂支持就業方案（supported employment）來協助就業。這個方案應協助身心障礙者融入一般就業市場。這個方案究竟如何運作，瑞典歐瑞波大學講師尤安娜・古斯塔夫松（Johanna Gustafsson）為我解說，她目前在挪威做研究。她大學主修行為研究，側重心理學，在身心障礙科學領域完成博士學業。

支持就業方案裡的身心障礙者被分配一位就業教練，「支援應該給予身心障礙者機會找到工作，以及讓他們融入所選擇工作場所的社會。」古斯塔夫松在她發表相關課題的文章裡如此表示。選擇機會是其中的重點，因為工坊裡的身心障礙者並沒有選擇。瑞典模式並不完美：集中在個別解決方式，而非進行系統改變，此外在開始就業時提供協助，但並不協助人們長期保有這個工作職位。

然而古斯塔夫松認為支持就業方案的原則在其他國家也能生效，她指出研究現況並表示：「企業先讓一名身心障礙者進入團隊，而且一切順利，那麼之後企業也會樂意雇用更多身心障礙者。」企業主會注意到和身心障礙者一起工作其實不是什麼大事，不是需要擔心的事情。古斯塔夫松說：「社會想像身心障礙者無法工作。」但是社會想像可以被改變，只要越來越多身心障礙者很正常地參與工作生活，「可以成為社會代表的模式。」

此外她覺得我們談論身心障礙者的方式應該改變，也就是總把他們視為一個群體，沒有個人特質：「當我們談到這方面，身心障礙就被視為這個人主要的社會地位特徵，」古斯塔夫松說：「但在真實世界當然不是這樣。」身心障礙者就像其他人一般多面向：他們是父母，來自不同的環境，對不同的東西感興趣，也就是交叉性。身心障礙的形式也造成不同。

身心障礙者沒有融入就業市場並不公平，同時對我們也不好，因為我們自己隨時可能需要被包容。身心障礙和大多數多元特徵相較之下是在生命過程中才發生，只有百分之三的身心障礙是天生的，或是在一週歲之前出現。絕大部分，也就是將近百分之九十的身心障礙乃是由疾病導致。突然間要和身心障礙共存能有多快發生，我們在過去幾年都已經注意到了。

長新冠將改變我們對工作的想法

感染新冠肺炎後好幾個月都還有後遺症的人，承受所謂長新冠之苦。長新冠也被描述為大規模殘障事件（mass disabling event）：短時間內，非常多人發生新的身體障礙。新的國民病因此形成，而且缺乏相關專家，沒有足夠的治療場所，經常被誤診甚至未被診斷出來。長新冠會導致疲勞或倦怠症候群、注意力集中問題、失眠、心律不整、血栓、呼吸困難、暈眩、頭痛、神經痛、憂鬱症，長新冠症候群的清單很長。

這一切當然也會影響工作世界，我們至今只能估計影響有多劇烈，因為全球新冠疫情（依舊）尚未成為過去。但最初數據顯示：影響可能相當巨大。根據世界衛生組織的說法，歐洲至少一千七百萬人在疫情最初兩年要對抗長新冠，全球則將近一億四千五百萬人，女性罹患長新冠的頻率是男性的兩倍。這個數字的力道也呈現在工作世界：一份國際研究報告，受訪的長新冠患者中，有整整百分之四十五因為生病而必須減少工作時間，還有百分之二十二在受訪時甚至無法工作。估算的根據是美國超過一千萬個職缺有百分之十五是因為太多人罹患長新冠而無法工作。德國技術人士保險公司（Techniker Krankenkasse）[9]說明，二〇二一年還有將近百分之一的投保人能出示醫院疾病證明，他們在二〇二〇年確實感染新冠肺炎。長新冠平均維持一百零五天。目前這個數字可能更高：每一波新冠疫情都使這個數字持續上升。二〇二〇年開始，又有數百萬人感染新冠肺炎，另外還有黑數，並非每個人都表示出現症狀，好比強烈疲倦感，或是經ＰＣＲ篩檢證實為陽性。

許多生病的人沒有經濟保障：僱員薪水繼續支付六星期，之後可獲得疾病救助金。生病之後大約一年半，企業和健保公司在大多數情況下會停止給付，之後一到兩年可以領取第一類失業救濟金。然後呢？領取第四代哈茨就業救濟金或目前所稱的國民救濟金。長新冠被認定為工作意外或職業疾病需要很長的時間——要是認證最後能通過的話。因此需要解決方式：更多治療場所，投資研究和藥品，提供經濟保障給患者及支持員工恢復健康的企業，因為時間可能拉得很長。企業醫師建議員工逐步回歸職場日常，重新規劃工作內容，或者減少工作。許多主管階級不理解，長新冠沒有開關，不會在一天之內轉好，然後又重新發揮百分百的績效。這種病比較像是滑動控制器：有些天比較好，有些天比較差，其他日子根本什麼都不能做。

安娜．葛爾斯多夫認為，許多人目前因為新冠及長新冠必須面對自己的

9 是德國獨立運作的健康保險公司，可當作國營健保的替代保險。初期提供建築師、工程師和技術人士健康保險，目前也開放一般人投保。

脆弱，「我們希望每個人，好比中風或罹患長新冠的超級同事能回到工作崗位，」她說：「即使他們或許再也無法完全接手某項工作，或許只能以其他方式完成。」

也注意到這一點的還有瑪爾塔．杜欽斯基（Martha Dudzinski），「天鵝倡議組織」（SWANS Initiative）的主持者，該組織協助有移民背景的年輕學者。當她感染新冠肺炎，她暫停工作幾天。有一點喉嚨癢，稍微咳嗽，有點鼻塞，她這樣敘述自己的感染症狀，「比任何一次感冒都還輕鬆」。她已經接種疫苗，因此預期能快速恢復健康。她確診陽性一星期後，她又坐回電腦前面，發現再也無法工作。「我已經沒有身體上的妨礙，但是我坐在電腦前面，腦袋卻是一團糊。」她說：「我整段時間都躺平而且全身無力。」她很快就注意到，根本沒辦法做任何必須透過電腦螢幕完成的事情，就連看網飛連續劇都不行。「我的腦子長期處於糨糊狀態，沒有什麼能協助改善。」瑪爾塔說：「人們都說我應該冥想，我是柏林的素食者，我當然想過冥想這個點子，但是我的腦子就是無法集中精神。」

我們通電話的時候，她那天情況不錯，有足夠的精力進行長一點的談話。她被感染已經過去六個月了。對瑪爾塔以及其他許多感染者，「緩行」扮演重大角色：傾聽身體，謹慎運用自己的精力，就是不要過度負載，這是恆久的琢磨。瑪爾塔必須學會拉出自己的界線，防護自己的時間及精力。到了某個時間，她注意到自己可以坐在電腦前面一個小時——至多。她說：「但是當我的腦子說夠了，我並沒有一直十分貫徹地停止。」於是她在當天剩餘的時間裡都派不上用場，她表示：「我必須慎選，不是在我想要和不那麼想要之間選擇，而是我絕對必須要做的是什麼。」

長新冠不僅改變工作生活，也改變休閒時間。社會接觸再也達不到從前的程度，瑪爾塔說：「我因此非常沮喪，因為我已經必須放棄效率。如果生產力和外向是兩件讓我成為個人的要素，現在這兩件事卻都再也辦不到，那麼我也沒剩下多少了。」在她的職業和私人生活當中，她必須一再解釋：「我已經病了半年。人們感到奇怪，為什麼疾病沒在兩天內消失。」一開始瑪爾塔還期盼，度個長假或許有幫助，讓她的腦子能充分休息，之後一切都將成為過去，但她的腦子不是這樣，她說：「我現在已經接受，我的生活就是這樣。」

長新冠讓我們對生產力及能力有不同想法，葛爾斯多夫認為：「我們目前對能力的想法多不勝數，但究竟何謂『有能力』？我們在工作當中發展出友誼，獲得新的體驗。我們無法把特定族群隨便排除。我們每個人都有價值，不是因為某人生產力最高。」

我們的工作世界如何能比較多元以及包容

為了讓我們的工作世界真的變得比較多元和包容，首先在其他領域也要講究：需要策略，需要某人負責貫徹策略，還需要最高層的支持，不管是政界還是企業界。多元和包容必須不只停留在口號。而且，被邊緣化的族群除了原本的工作之外，還要負擔無薪的多元、公平、包容事務一點都不對勁，這三項就和其他的一樣是個企業領域，需要具體措施，真正的投資（是的，包括金錢），以及清楚的成果評測。

具體是什麼樣子呢？在企業當中意味著改變過程，有疑問的時候完全重新思考。有個重要的槓桿是好比企業如何徵才和雇用。如果在徵人啟事裡寫著尋找「搖滾巨星」和「忍者」，而且必須要有能力呢？那麼來應徵的都是新創小夥子也就沒什麼好奇怪的。想要家庭式友善的人，你應該告訴他們，分享工作或遠距工作都是可以選擇的。「我們有無障礙環境」聽起來雖然很棒，但是不可以只意味著「我們辦公室裡沒有樓梯」。聽障和視障者的無障礙設施又如何，自閉症或者有學習障礙的人該如何雇用？企業有多樂意改變工作內容來配合，或是改變角色描述？

徵才過程也必須重新思考，不是每個國家都會在履歷表上貼照片，在一些國家如美國或英國甚至禁止貼照片。要是真的涉及資格（而非性別、名字或出身），那麼未來也不會只有白人男性進入主管階級。配額有助於橋接過渡時期。但是為了使配額規範發揮作用，需要掌握數據，好看清我們目前處境。有哪種配額，盡可能讓不同候選人才庫分配到新職位，進而提高職位多元分配呢？要求個別團隊盡可能多元組合嗎？主管人力的能力依照他們是否達成多元性來評鑑嗎？如果沒有，必須加以改變。女性、有色人種、同性戀、身心障礙者以及其他邊緣族群應該具體受到支援，為就主管職位做準備，然後也真的受到提攜——而且就像其他人一樣有好的薪水。招募團隊應盡可能多元組合，定期針對多元及包容性接受再教育。但是抱歉，一年只看半小時的影片可不夠！

利益，也就是給員工的好處，應該設計得有包容性：如果提供成家福利，也要提供同性戀和單身同仁相關福利。不僅應該為育兒提供經濟支援，也要提供年長雙親住養老院的支援。設立一個由企業補助的公司內部幼兒園如何？提供移民同仁語言課程了嗎？專門提供同性戀或移民同仁的精神健康輔導，也有助於他們的工作生涯建構得愉快些。

最後，啟動真正的改變，而非只是將多元貼紙黏在企業上才是重點，這種做法很快就會被拆穿，而且沒有人從中獲益。「自我表現不是公益行為，」黑人企業家敏妲・哈茲（Minda Harts）在她的著作《備忘錄》（*The Memo*）當中寫著：「這是刻意的措施，具有改變我們思考方式甚至好幾世代態度的力量。」她應是出於個人經驗有感而發，有色人種從不曾受到提拔，或是主管雖然說多元及包容對他們有多重要，但卻不曾改變自己。要繼續堅持下去相當艱難，她寫道：「要是我們不斷經歷主管缺乏敏感性，我們該如何拿出最好的工作成績，保持積極？」

要是照護工作公平分配會怎樣？

然而公平的工作環境並不只要在工作場所實現，在家庭中也要。我們談論工作與生活平衡的時候，生活通常意味著家庭，在這個關聯之中，家庭則意味著無酬工作，記者莎拉．賈菲（Sarah Jaffe）這般描述。在許多情況下，問題不在於如何能使職業和生活達到平衡，毋寧是如何在我的職業工作之外，還要顧及家事、孩子和其他事情，這些都要良好運作，好讓家庭生活不至於崩潰。

要是我們想讓工作環境真的比較公平一些，而且適合所有的人，我們必須談到金錢，以及誰付出勞力卻沒有獲得酬勞。女性不僅在主管階級不具代表性，薪資也比較低：所謂的性別薪資差距（Gender Pay Gap）呈現，德國女性和男性每小時平均賺多少錢，二〇二一年，女性薪資較男性低百分之十八；每小時的差距或缺口超過四歐元。性別薪資差距有部分可如下解釋：

女性更常在低薪產業和職業工作，好比照護和教養。或者這些職業薪水終究較差，因為是由女性來履行？此外女性比較少擔任主管職務。即使把這些排除在外，以所謂性別薪資差距淨值來看，還是有整整百分之六的差距。

這方面以跨領域來看又是另一幅景象：相較於重度身心障礙男性，重度身心障礙女性每月淨收入少六百六十七歐元。女性移民所得比德國本地女性少百分之二十。美國因為資料比較齊全，甚至更可以看出誰賺得比較少：非西班牙裔男性每賺到一美元，拉丁美洲裔只賺到四十九分，美洲原住民賺取五十分，黑人女性賺得五十八分，白人女性則賺到七十三分。

此外，性別薪資差距只比較時薪，沒有比較月底時每個人的薪資單上究竟是多少，因為高兼職比例也造成巨大差異。所有女性將近一半從事兼職工作，但男性只有百分之十一。從事兼職工作的女性比例在最近幾年持續升高，特別高的是母親兼職工作比例：三分之二有就業能力的母親從事兼職工作，但父親只占百分之七。歐盟其他國家沒有一個像德國這樣，帶著幼兒的母親兼職比例這麼高：她們在德國比歐盟平均兼職比例高將近兩倍。這也導致終生收入的巨大差異，也就是一生工作賺取的收入。母親的終生收入明顯低於六十萬歐元，男性終生收入總計超過百萬歐元。社會框架條件如何影響母親的收入，可從德國東、西部之間的差距看出。德東的母親生產後比較快回到工作崗位，比較常全職工作，照顧兒童的安排也比較周全。這使得該區的終生收入差距比較小：德西母親的薪資比男性少百分之六十二，德東則是百分之四十八。孩子是關鍵要素也可從沒有子女的女性數據得知：德西沒有子女的女性收入比男性少百分之十三，德東的相關數據則是少百分之三。美國稱之為「母親終身懲罰」（Motherhood Lifetime Penalty）：母親終身都因為生孩子受到經濟懲罰。比起沒有孩子的女性，女性生的孩子越多就損失更多金錢。德西生第一個孩子的母親，終生收入就損失百分之四十三。如果生了三個以上的孩子，終生收入最後就會減少百分之六十八。父親則不會因為有孩子而受到「懲罰」，相反地，他們的終生收入甚至比全部男性平均的終生收入還多百分之二十。

隨著性別薪資差距而來的是性別退休金差距（Gender Pension Gap），到了老年，女性可運用的金錢也比較少，更常落入老年貧窮。德國的性別退休金差距達到將近百分之五十：女性的老年保險和男性相較之下就是低這麼多。特別大的差距出現在已婚女性和寡婦、職業訓練程度較低以及較年長的退休女性之間。德東的性別退休金差距是百分之二十三，明顯低於德西的百分之五十五，同樣出於不同的社會結構。

母親的兩班及三班制

男性與女性的經濟落差在於照護及教養工作依然超乎比例地由女性來承擔。女性照顧孩子，陪他們遊玩，教養他們，幫他們包尿布，為他們煮飯，準備便當，打掃房子，去採買，負責讓家庭生活持續運作，根本是這些無薪工作讓有薪工作能大規模運作，或者如政治哲學家席薇雅·費德里奇（Silvia Federici）的說法：「這意味著，每家工廠、每個學校、每間辦公室和每個礦場都隱藏著數百萬女性的無薪工作，她們將自己的生命和工作用於產出工廠、學校、辦公室和礦場的勞動力。」一旦無人承擔這些照護工作，就沒有產能提供給其他工作，要不然誰來照顧孩子或需要看護的人呢？

全球的婦女和女孩承擔四分之三以上的無薪照護工作，根據樂施會（Oxfam）的估計，這些無薪工作的價值每年至少達到十兆八千億美元，這是全球IT產業營業額的三倍，哪一種比較受重視就無須我多言。即使無薪的照護工作在德國受到比較謹慎的價值評估，還是占國內生產毛額的三分之一左右。

要是仔細看看多少時間被投入無薪工作，就能了解為什麼。總體看來，德國的無薪工作比有薪工作多大約三分之一。我們來分析一下：請想像一對伴侶，以數據來看還是男性和女性，女性在平常的工作日平均進行五個半小時的有薪工作，男性則達到八個半小時。但兩人的工作日總長差不多，也就是整整十一個小時，其中的大差別：女性有兩個小時的無薪照顧小孩工時，一個小時整理工作，洗衣、打掃、煮飯等等。一天終了，男性工作大部分都獲得相應酬勞，女性的一天絕大部分卻無薪酬。因此隨著性別薪資差距而來的就是性別照護差距：女性就是承擔比較多照護工作。

要是家裡有小孩子，差距就更極端了，女性一週內要花比男性多三倍的時間，用來烹飪、掃除和洗衣服。家事分配非常不公平，在最近幾十年當中也沒有任何改變。要是考慮到比起二十五年前，多少女性今日有支薪工作，這情況尤其顯得荒謬。統計數字上看來，男性雖然比從前多接手一些家事和照顧幼兒的工作，但這只是統計數字效應：數字上升無法歸因於男性多做一點，而是女性比從前少花一點時間在烹飪、打掃、洗衣和照顧幼兒上，也因為高薪資的女性將這些工作輸出。女性可說投入更多有薪工作，但依舊肩負大部分的照護工作。這麼多女性只從事兼職工作，同樣也是因為這樣不公平的工作分配：四分之三的母親舉出照顧兒童，或是其他個人還是家庭義務，是她們兼職工作的原因。一天畢竟只有二十四小時。因此，啟動改變的最重要槓桿就是男性：他們必須接手更多家事和兒童照顧工作——要遠超過統計數字效應才夠。

全球新冠疫情讓我們看到這麼做有多重要，疫情增加母親的壓力和負擔，更加劇性別之間的不公平。社會學家瑜塔．阿孟丁格（Jutta Allmendinger）於二〇二〇年五月在德國《時代週報》（*Die Zeit*）上投稿表示：「我們經歷驚人的再傳統化，男女性的任務分配回到舊時代，整整一輪。」二〇二一年一月，每五個帶著需要照顧的幼兒的母親就有一個減少工時，雖然學校和幼兒園此時已經開放。父親則不到百分之六減少工時。要是每回流鼻水就能導致孩子必須在家接受照顧，或使幼兒園很多人請病假，無法提供足夠照護，於是幼兒設施雖然表面上開放，但事實上無法真的賴以計畫。

除了幼童照顧和教養之外，女性還負擔絕大部分的親屬看護。德國百分之八十有照護需求的人在家接受照顧，很大一部分主要由親屬照顧。從這方面也可以清楚看出人口結構變化：德國需要看護的人數在過去幾年急速增加，過去二十年，人數增加一倍，超過四百萬人。因為德國人壽命越來越長，我們必須為此做好準備，看護會越來越成為我們社會重要的一部分。

但是家庭照護的無薪工作分配極端不公平：負責照顧親屬的人有三分之二是女性，平均每週需要二十一小時進行看護工作，除此之外只可能做兼職。親屬必須被照顧的時間平均達四年，因此每兩個就有一個照顧者減少工作時間，照顧者的就業率明顯較低，提供照護的親屬有百分之二十承受落入貧窮的風險。德國社會團體VdK[10]因此要求照顧親屬者應獲得酬勞，多寡則應依據照護沉重程度計算，而非依照最後一份正職的薪資來計算。目前雖然可以為了照顧親屬請假，但是沒有薪水收入。

10 全名Verband der Kriegsbeschädigten, Kriegshinterbliebenen und Sozialrentner Deutschlands e.V.，德國戰爭受害者及遺孤和社會退休者協會，由全名可知原本是因應戰後提供協助而成立的社會團體，目前工作重心在爭取普遍社會福利。

但是我們究竟為何還處在這種情況下，由女性，尤其是母親——負擔絕大部分的照顧工作？其中有許多原因。一旦牽涉繁衍，也就是成為母親，這種工作對許多人而言是看不見的，畢竟一切都發生在家庭裡，在關起來的門後面。安吉拉・佳柏斯（Angela Garbes）在她的著作《核心勞動》（*Essential Labor*）中寫道：「這個私人、家庭空間被視為女性專屬，大家卻期待政治和社會力量能在該處施展。」從十七世紀開始，勞動如何進行的方式改變，這個時期也被稱為「大馴化時期」（The Great Domestication），男性離開族群生活，開始為農莊和工廠裡的僱主工作，個別受到酬報；女性則留在家裡，打理家務，負責讓男性吃飽，感到舒適，並且生產下一代的勞動者。佳柏斯表示：「這使得核心家庭躍升成我們生活的主要組織形式。」於是上述觀點變得僵化：「家務是女性工作，自然又美好，沒有期待報酬而執行，出於愛的工作。」

長時間以來，一切都以此為圭臬，男性去工作，把足夠整個家庭生活的錢帶回家。甚至每週工作四十小時也是以此為根本來規劃，女性依然待在家裡，操持家務和照顧孩子。亨利・福特在一九二六年為他的汽車工廠施行每週四十工時，是首批規劃這種工時的工廠之一。福特是「家庭薪資」（Family Wage）的代表之一：一份足夠整個家庭生活的薪水，但是員工必須符合資格。福特甚至有一整個團隊來審核資格，檢驗的一部分是他們造訪勞工的家，以確保他們的妻子同樣辛勤工作——而且全職，無薪，待在家裡。

論女性罷工和（政治）解決方式

我們已經看到問題，那麼能做什麼加以改善？幾十年來不斷討論照護工作是否也必須獲得薪水，以彌補這種不公平。一九七〇年代，女性主義者要求家務薪資。冰島在一九七五年十月二十四日發起全國女性休息日：女性放下工作，不煮飯也不打掃，不照顧孩子。百分之九十的冰島女性參加，只有女性護理師和醫師工作。父親們獨自和孩子待在家裡，幼兒園、學校、電影院、魚工廠關閉。許多女性聚集在首都雷克雅維克，一起烹飪用餐，下午走上街頭：超過兩萬個人參加示威，要求冰島國會的女性席次應該更多，同工同酬，以及照顧工作要更公平分配。「漫長星期五」獲得成果：一年後，國會通過平權法。一九八〇年，冰島選出全球第一位女性國家元首。二〇二二年，冰島是世界經濟論壇全球性別差距報告（Global Gender Gap Report）的榜首，之前一年也是。

這份報告著眼於經濟、教育、健康和政治領域的性別平等，冰島是唯一彌平性別差距達百分之九十的國家。但是如果世界照舊運作，我們要擁有兩性之間的真正平權還要等一百三十二年。「相較於支薪的工作，母親的工作不應再被視為額外或較沒價值的工作，」安吉拉・佳柏斯表示：「當我們把家裡的工作視為核心工作，強調它對全球勞工運動的意義，我們就能實現照顧者、母親和所有勞工的團結。」

美國黑人行動家安吉拉・戴維斯（Angela Davis）的要求則更進一步，根據她的看法，家庭工作不僅要公平分配，還要將私人生活整合到公眾、經濟生活當中。在她一九八一年出版的著作《女性、種族與階級》（*Women, Race & Class*）當中她寫道：「要是可能，屏除家務是女性工作的想法，並且將家務平均分配給兩性，就會是個令人滿意的解決方式了嗎？如果家務不再固著於女性身上，就不再那麼有壓榨性了嗎？」她的判斷：不。「不管男性或女性，終究要將生命中珍貴的時間浪費在一種既不令人振奮，也沒有創意或生產性的工作上。」取而代之地，戴維斯認為，「家庭主婦在家中任務的根本部分，確實應可由工業經濟來接手。」依照戴維斯的想法，家務不由私人完成，而是由「經過訓練而且薪資優渥的勞工團隊進行，他們一家一家進行工作，使用科技發展的清潔機器，快速又有效率地完成所有家庭主婦目前疲累又原始進行的工作。」這種工業化及社會化的家務由國家資助，「好讓工人階級能受益，他們對這種服務的需求最顯著。」

女性依舊承擔大部分照護工作的原因也在於政治。育嬰津貼、減稅和提供照護服務，這些在在影響了誰留在家裡多長時間，多承擔無薪工作。

例如，父親還是很少請育嬰假——即使他們請育嬰假，一般請假時間也不長。目前對育嬰假及雙親津貼的規範已經存在超過十五年了，所謂的雙親基礎津貼總共可發給雙親十四個月，但是只在伴侶雙方共同承擔育嬰期的情況下。父親或母親的最短育嬰時間為兩個月，最長可達十二個月。現實上通常卻完全不是這麼回事：母親留在家裡育嬰一年，父親請兩個月育嬰假，但是樂得用來旅行，或是度個加長假期。三分之二的母親申請十到十二個月的育嬰津貼，將近百分之六十的父親甚至沒有請育嬰假。

不要去工作或者減少工時也有賦稅方面的好處：夫妻分割稅制（Ehegattensplitting）對薪資差異大的伴侶有利。伴侶雙方應賦稅總額除以二，然後計算所得稅，最後稅賦加倍。隨雙方收入差距加大，稅賦優惠就越高。丈夫賺得多，女性少賺一點，甚至完全不去工作比較有利，這導致女性經常從事低薪工作：只有「迷你工作」的人百分之六十是女性，她們每個月頂多只賺四百五十歐元，目前達到五百二十歐元。這個數額不需要負擔社會保險金，而且可能也不必繳退休保險金。但這也意味著不能申請退休金，此外迷你工並未自動納入健康及照護保險。結婚或進大學的人通常可以跟著家庭保險一起獲保而無須繳費。迷你工作原本被引進當作進入一般有社會保險義務工作的跳板，但是很少實現，尤其是對那些以迷你工作當作主要收入來源的人。因為最高工資被固定，如果要提高這種工作的薪資，工作時數必須減少。不值得多工作，因為如此一來迷你工作就變成「迷低工作」（Midijob）：這種工作的收入必須課稅，而且要繳交社會保險。最後每個月手邊剩下的錢，差不多相當於迷你工作的薪資所得。

夫妻分割稅制和迷你工作組合造成女性較長時間脫離職場，之後更常兼差或打零工，比較少支付退休基金，比較少有私人保險，財務上比較依靠婚姻伴侶，更常落入老人貧窮。

德國經濟研究中心主席馬歇爾・佛拉策（Marcel Fratzscher）表示：「德國勞工市場最大的潛能是那許多女性，她們大多受到良好教育，而且想多工作一些。」排除女性前進勞動市場之路的障礙是政治、企業和社會的責任，「這麼做不僅為德國激發莫大的經濟潛能，使社會系統更能因應未來，也能創造更多自由及機會均等。」

幼兒托育不足也讓重返職場之路困難重重，更遑論獲得全職的職位。處理所有這些問題，有助於為女性創造更多職業工作：育嬰津貼和夫妻分割稅制必須降低，並擴充兒童托育機構及全日托。對企業徵收照顧捐，類似碳稅，或是為照顧者提供基礎保險都是可能的模式。而且，為什麼沒有更多企業補貼的企業托兒所，況且目前還比公立托兒來得貴？

在美國二〇二〇年的選戰當中，政治家伊莉莎白・華倫（Elizabeth Warren）把托兒所描述成岌岌可危的基礎建設——非常恰當的比喻。「我們建設道路、橋梁和通訊系統，好讓人們能工作。」她在民主黨黨代表大會上說：「這些基礎建設對我們大家都有幫助，因為它讓我們的經濟維持運作。該是時候認知到，兒童托育機構是根本基礎建設的一部分：為了家庭的基礎建設。」

良好基礎建設該是什麼樣子，可以看看斯堪地那維亞：在芬蘭，每個父、母親都有一百六十天的有薪育嬰假，其中最多六十三天可以轉給另一方，不可完全轉由母親來承擔。在瑞典，托兒機構受到公家資助，父母就業或上大學的孩子，只要年齡介於一歲到十二歲，都有權利獲得托育位子。公家提供一到六歲兒童的托兒機構必須從早上六點開放到晚上六點，有些甚至二十四小時運作。第一個孩子的費用最高以雙親收入毛額百分之三來收取，後面幾個孩子更是越來越便宜。下午四點以後的會議在斯堪地那維亞不受歡迎。此外，在全球性別差距報告（Global Gender Gap Report）當中的經濟參與和機會領域，瑞典排第五名，芬蘭排名第十八，而德國排名第七十五。

要是我們對平權是認真的，那麼還要為至今經常被忽略的族群找出新的解決方式，例如自營業者。懷孕又自雇經營的人，在德國無法享有全額支付的法定生育保護（Mutterschutz）。木匠尤翰娜．羅因此發起簽署，「要是身為受雇的木匠，我孕期一開始就會收到工作禁令，因為我職業裡的健康風險對我和嬰兒太高。」她表示：「身為自營業者，我必須要能負擔不工作，因為對我沒有任何保險。」她因此要求成立緊急基金等等，好防止公司因為懷孕而破產，並且建立由經營助手組成的系統：這種系統早已在農業裡建立，即使工作人力因懷孕而短缺，企業依然能繼續運作。目前每五家手工企業就有一家由女性經營，羅女士表示：「鑑於手工企業缺乏專業人力以及後繼無人，我們再也無法承擔放棄手工業及其他行業裡有能力、受過良好教育又有天賦的女性企業家。」

在其他領域對懷孕女性及新手父母也有阻礙：從事政治的民意代表沒

有育嬰假。從職業當中完全撤離一段時間，對於被選出來的民意代表是無法想像的事情，這是德國聯邦憲法法庭於二〇〇七年的判定。在生育保護期之外錯過會議的民意代表必須支付罰款，克莉絲汀娜・施洛德（Kristina Schröder）和曼努艾拉・徐威席格（Manuela Schwesig）因此在生育保護期後，分別在二〇一一年和二〇一六年直接回到聯邦家庭部長的職位。

未來的工作世界必須更公平和平權，否則我們永遠無法擺脫集體倦怠。但如果我們不投入照顧工作，這種工作到目前依舊不被看見、沒有酬勞也不受尊重，希冀的改變也永遠不會發生。自願改變並不足夠，我們需要更好的政治框架條件，這符合所有人的利益，畢竟我們知道無薪的照顧工作多麼有價值：占全國生產毛額的三分之一。為何我們沒有報以同等重視？

要是我們把自己組織得好一點會怎樣？

說起比較好的組織，所指的當然不是漂亮的待辦事項表，郵箱少一點延遲回覆的電子郵件，或者從幼兒園接孩子的較佳時間點。對我而言——很老式的，指的是勞動力的組織：聯合起來，為了更好的勞動條件和更公平的工作世界而奮鬥，團體戰取代單打獨鬥；在工會或者企業工會當中，在企業或行業內的群體當中。我們處在一個勞動者擁有力量的局勢：勞動力是種稀有物品，可以決定想為誰工作。同時今日還比從前有更多可能性，可公開對僱主提出工作條件和要求，因為僱主在另一方面必須說服公眾，消費他們的產品或服務。對待員工不好的人，今日幾乎難逃眾人視線。

此外如果勞動者聯合起來，也對抗一部分將責任推到個人身上的工作文化，這是種系統性的問題。要使工作世界產生真正的改變，個人解決方式並不足夠，而是需要共同的解決方式。當然這方面也一樣：要求較好的條件，勞工們自行組織起來，這些並非對所有的人都一樣簡單。獨自在家裡清掃的人，比起企業集團裡的員工，並不容易和其他清潔員工串聯。消息靈通的人知道自己的權利，但是所需的教育和時間同樣也是種特權。但是我們現在正看著，一些我們不一定預料到的勞工聯合起來，而且受到公眾的支持。群體，以及組織的力量——這是本章的主題。

使其他工作可以進行的工作

除了絕大部分由女性承擔的無薪照顧工作，也有支薪的照顧工作版本：銷售業、看護和教育、清潔和社會工作等等。這些通常是兼職工作、迷你工作、派遣工或是有期限的工作合約，賺的錢那麼少，幾乎不足以依賴工作生活。其他人放假休息的時候，他們在工作，在晚上或是週末，通常要輪班工作。清潔和看護人員將近二分之一覺得自己像空殼一樣，倦怠不已。時間壓力高，工作經常是重體力勞動，幾乎總是人手太少。看護人員的百分之七十不認為他們有能力工作到退休年齡。教育和社會工作人員有一半以上也不認為自己能工作到屆齡退休。

這些行業的惡劣工作條件有個例子，就是家務員：清掃人力、家管助手和園丁，他們百分之九十是女性——而且他們絕大部分非法工作。根據國際經濟合作組織的估算，德國這個領域的勞工有百分之七十五沒有登記，這也意味著他們沒有保險，要是他們生病或失業，他們不適用於退休人士的法定福利。偏偏是看到僱主最私密生活的清潔員，僱主讓他們進到房子裡，將家交給他們，卻受到惡劣的對待。看看其他歐洲國家就知道不必然如此：在法國、義大利、西班牙、比利時和愛爾蘭，少於百分之四十的家庭清潔員沒有登記。

他們的工作，以及類似勞工的工作，使得其他工作有可能完成，美國全國家庭傭工聯盟（National Domestic Workers Alliance）總監蒲艾真（Ai-Jen Poo）如上陳述。這些是無法取代的工作，然而卻那麼常被視為理所當然——要是總算被看到的話。

照顧職業的工作條件依舊這麼差，和歷史上主要由誰完成這些工作有很大關聯：底層女性或是被當作財產的女奴，直到今天還可以看到這些種族性結構，來自東歐、南亞或非洲的人力拿著低薪從事不穩定的工作，照顧孩子或較年長的親屬，或者打掃房屋。蒲艾真說：「和女性相連結的種族隔離以及我們對工作的文化貶低，今日意味著數百萬女性每天去工作，辛勤得難以置信，即使如此還是難過日子。」

安吉拉·佳柏斯表示，我們的社會依賴保母及清潔人力，還有宅配及外送員，以及家庭，「家庭負擔依舊同樣沉重，但是如果我們能支付，我們就把工作分給好幾個人來完成，這並非真正的進步。當白人女性把低薪工作託給有色人種女性，確實就加深美國──以及全世界的種族不公平。」

擔任保母、教師或照顧兒童、年長者或身障者的照護人力，洗滌、餵食，和他們玩，陪他們去購物，或是打掃他人房子的人，反而沒時間照顧自己的孩子、家庭和住處。社會差距越來越大，因為接手這些工作的勞動者主要是教育程度不高、邊緣族群或是移民女性，工作條件和薪資同時讓他們不能將這些照顧工作再委託他人。

德國目前有八分之一的照護人力來自國外，好比波蘭、波斯尼亞赫塞哥維納、土耳其、克羅埃西亞、羅馬尼亞和塞爾維亞，總數超過二十萬人。為了在德國工作，歐盟的照護人力不需要特別許可，但是要讓個人學歷被承認，並且接受專科語言測驗。然而絕大部分的照護人力來自非歐盟國家，他們透過好比「三贏」計畫（Triple Win）申請。以這種方式進入德國和其他歐盟國家的照護人力，導致他們的母國缺乏這些人力。這也是塞爾維亞目前終止這個計畫的原因。當地出走太多專門人力，通常就必須由女性家族成員來補上缺口。社會學家亞莉·羅素·霍奇查爾德（Arlie Russell Hochschild）將這個關聯性稱為「全球照護鏈」（Global Care Chains）：這些工作由富裕的女性轉給較貧窮的女性，她們因此無法再自主工作。

必須改變這種情況：需要提高這些職業的價值形象。蒲艾真訴求，這些工作必須成為好的工作，能讓人引以為榮，並且能藉以養家活口。從事這些工作的人必須加以保護，免除歧視和性騷擾，她們需要有薪假以及較佳的工作條件，而我們目前還差得遠。

許多從事這類行業的女性是工人階級的一部分，聽到這個詞，我們許多人會想到在工廠裡工作的男性。大衛·格雷伯（David Graeber）在他的《狗屁工作》（*Bullshit Jobs*）當中表示，這個印象是扭曲的：「現實中從不曾有任何時期是大部分勞動者在工廠裡工作。」相反地，在卡爾·馬克思或查爾斯．狄更斯的年代，工人階級居住區裡更多的是「女僕、擦鞋匠、清運垃圾的工人、廚子、護士、車夫、教師、娼妓、房屋管理人和街頭攤販」，人數超過煤礦、紡織廠或鑄鐵廠的僱員。格雷伯在書中描述，工人階級的大部分工作，不管由男性或女性來做，其實和「我們基本上認為屬於女性的工作很類似，他們照顧人們，滿足人們的期望和需求，解釋、安撫、事前猜測主管要什麼或想什麼，更別提整理、管理及照顧植物、動物、機器和其他物品。」

許多職業形象，在全球疫情期間被稱為「系統相關」，就屬於這個分類：少了他們根本行不通。同時也有許多人不想從事這些工作——至少不是在現有條件下。

目前德國缺少二十三萬名以上的教育者，二〇二六年起，小學生全日照顧的合法訴求將生效，會進一步加劇人力短缺。工作上的倦怠風險相當高：照顧三歲以上兒童的人力，有百分之二十五因為健康問題考慮放棄工作。照顧三歲以上兒童的教育人員，有三分之一表示承受壓力，因為人力缺口使他們必須接手額外的工作。

在老者照護方面，百分之四十的人員考慮離職：薪資太差，負擔太沉重，照顧人的時間太少。許多長者照護人力懷疑，在現有條件下他們能否提供良好的照護。到二〇三〇年，老者照護領域將缺少整整五十萬個人員。為了讓更多人決定從事這個職業，必須全面提高這類工作的價值，而且是以較佳薪資的形式。

為了更好的工作條件罷工

上述業界要求較好工作條件的呼聲相當大，但通常不會被民眾聽見，從二〇二二年北萊茵威斯特法倫邦的醫護人員罷工就可見一斑。那年一月十九日，該邦六家大學醫院的七百名員工決定跨出一大步，這是他們所下的最後通牒。員工給僱主及政治家們一百天的時間進行團體契約談判。一百天過去，沒有回應，於是為了較好工作條件展開長達數月的抗爭。罷工從五月開始，總共持續七十九天。在這段時間，超過一萬次的手術被推延——就是沒有足夠的工作人員。但是罷工並未主導頭條新聞，頭版反而充斥著擠滿人潮的機場。媒體的優先報導很清楚：比起德國醫院災難式的工作條件，夏日假期順暢飛航更重要。要是機場工作人員罷工，航班取消，那麼需要立即的解決方式。要是照護人員抗議罷工又倦怠，就沒那麼重要，畢竟二〇二〇年所有的人都已經乖乖地在陽台為他們拍手鼓掌。

大學醫院的罷工也顯示組織有多麼重要，以及改變可能達成。一起組織罷工的員工之一是亞伯特．諾瓦克。我們正在說話的時候，亞伯特和他的大學醫院同仁在阿亨、波昂、杜塞多夫、埃森、科隆及明斯特已經罷工七個星期了，距離達成一致還遙遙無期。他們聯盟的名稱叫作「NRW緊急呼叫」，要求大學醫院提供更好的工作條件：為了照護人力，但也為了清潔及服務、物流、治療人員，以及其他所有在那裡工作的人們。「醫院是團隊工作，」

亞伯特說：「沒有清潔人力，德國醫院沒辦法進行任何一場手術。所有的人都有存在的權利，而每個人都過度負載。」

新冠肺炎疫情以來，負擔更加沉重。德國將近一半的醫師和照護人力發現自己身上典型的倦怠症候群加重，此外還有升高的感染風險。要是照護人力承受壓力又倦怠，不僅對他們自己和他們的健康造成危險，還造成病人的危險：要是照護人員因倦怠而生病，病人發生感染的機率就提高。

光是北萊因威斯特法倫邦的醫院就缺少整整兩萬名專業人力，同仁休假的時候還要填補缺口，減少中間休息，長時間加班，總是感到良心不安，即使他們已經發生慢性倦怠。沒有時間接受醫療照護——也因為越來越多的行政工作疊加上去。

亞伯特二十多歲，二〇一九年完成護理師職業訓練，三年來在北萊茵威斯特法倫邦大學醫院加護病房擔任護理人員，此外他也積極參與代表實習生權益。他對我說：「實習訓練時所學習的，並未特別為加護病房的工作做好準備。」亞伯特談起過去幾年，常出現一些詞語如「疲憊」和「過度負擔」，「我總是工作到極限，」他說：「工作緊湊，但我有一定程度受到鼓舞。」他表示，就算想為瀕死的病人付出半小時，情況也不容許；也沒有和家屬說話、與他們建立起信任的時間。有相當高的承受意願，很大的承擔壓力。亞伯特說：「大家忍受很多，已經超出自己的痛苦界線。」必須停止這種狀態。「要是我在加護病房全職工作，我很可能早已降載我的工作承擔。」

醫院和醫療院所的人員大約有一半是兼職，或是打零工。照護病人是女性工作，照護人員超過百分之七十五是女性。

亞伯特有一整張單子，上面列著他認為必須改變的事項：必須消除運作上的等級結構，護理站的人員必須有更多機會參與計畫，「畢竟他們最知道自己需要什麼」。嘗試填補輪班表空格的人無法修復「敗壞的系統」，需要合乎需求的人員調度，以達成良好的照護，遠離最低限度和目前的缺口。在全球疫情之前，德國的照護人力供需比就特別差，照護人員對他們工作崗位的滿意度同樣很低。

因為人手太少，使照護人員主動伸出援手的壓力升高。亞伯特說：「我總是告訴他們，不要隨便跳進去！因為雖然人力太少，這個領域維持良好。」畢竟確保照護及規劃足夠人力是醫院的責任，不應由個別工作人員承擔。即使只是受訓人員都被拜託不要罷工，否則人們無法受到照護，「而且我們談的還不是良好照護。」

再來是薪水問題，亞伯特說：「必須要在減少工時情況下，還可能依賴工作過生活，獲得貧窮線以上的退休金。」尤其是單親的工作同仁經常發生經濟困難，「我們必須探討，健康照護對身為社會分子的我們的價值何在。」所有照護人力承受的莫大責任並未反映在薪資上。「產業界的任何主管職位總會提到肩負的責任，以合理化他們的高薪，我們這個行業卻不是這樣。排班和身體勞動帶來的負擔很大，通常不可能一直工作到一般退休年齡。」

工作時間是照護人員降低工時成兼職，或是完全離開業界的重要原因之一。「照護出走」（Pflexit）甚至成為二〇二一年的年度語詞之一。有項研究顯示，許多人或許願意重新返回職場，或是增加工作時數，但是工作條件必須做相應調整。舉例來說，受訪的照護人力期盼合乎需求的人力調配，以及重視及尊重他人、對他們工作負擔敏銳的主管。他們不想繼續在人力短缺情況下工作，想要更多時間投注於人性關懷。有約束性的工作計畫，簡化的檔案記錄，以及接受再訓練後提高薪水，這些都是最常被提到的幾點。

工作條件改善能讓許多照護人力回歸：能回到全職的照護人力的潛力估算約為三十萬——保守估計。樂觀看來甚至可以達到六十六萬名全職員工，但是必須要做些什麼才能達到這個程度。「需要社會投入非常、非常大的努力，」亞伯特說：「否則我們會面臨一種情況，我們的雙親及祖父母將在沒有尊嚴及輕視人命的條件下，度過生命晚年。人會死亡，造成今日就已經每天發生在德國健康機構的損失，就因為沒有足夠的時間。」

他認為有夠多的人想在照護業工作，「過去幾年的申請人數甚至上升，」

他說：「但是我們必須協助系統永續建立。」保健機構裡有社會保險義務的照護人力數字在二〇二一年是一百四十萬，再加上老人養護機構將近六十二萬八千人。二〇一七年以來，保健機構照護人力增加百分之九。「我們在德國是個龐大的職業群體，」亞伯特說：「要是我們團結起來，就蘊藏著一股力量。」

這股力量最終為他和他的同志們帶來好的結果，罷工的核心訴求，亦即減輕工作壓力的團體契約將被貫徹。應該進用更多看護人力，每一輪班應受監控是否真的有足夠人力。如果沒有，就要給付人員津貼或休假日，為此引進「負擔點數」系統，每一回人員比例不足，人員就獲得所謂的「負擔點數」，七點相當多一天休息日。換句話說：因為人力不足而工作太多的人將獲得補償。第一年有最多十四天額外休息日，第三年最多可達十八天，亞伯特說：「這是要讓醫院不想破壞議定的人員調度規範。」他解釋，一開始或許會產生許多負擔點數，因為還沒有足夠的人力，但至少有休假日當作補償。「長期下來應使醫院雇用足夠的人力，確保良好的照護。」不僅在照護方面有負擔補償，在其他科別如放射科和企業托兒園也有。團體契約當中針對實習生也確立具體減輕負擔規範。總體而言，他認為罷工和團體契約是成果，但他期望在聯邦層面能有更多政治解決方式，以改善醫院人力情況——同樣透過他和同仁施加的壓力。

亞伯特所說的勞工力量確實帶來更好的工作條件。如果一直大聲討論，說我們必須維持「經濟」運作，那麼勞工這方面也是一樣：讓其他工作得以進行的職業領域要實現良好的工作條件，這些工作必須變成好工作，沒有其他捷徑。

為了讓醫療院所員工的處境確實改善，還必須改革醫院營運方式：其一是私人化，在過去幾年越來越多。二〇一九年，每十家醫療院所就有四家由私人經營，一九九九年還只有十分之二。目前公立醫院屬於少數，二〇〇六年，基森及馬堡市的大學醫院甚至私有化。私有化浪潮背後的財團，好比艾斯克雷皮歐斯（Asklepios）、倫恩（Rhön）、赫里歐斯（Helios）和薩納（Sana）當然想要創造最大利益。私人產權集團，也就是大型金融服務集團也跨足醫院經營，目的在於使醫院更加有利可圖，然後為了收益再出售醫院。這些獲利並不會流回健康體系，而是進到企業和股東手裡。

其二是醫療院所的成本壓力因為統一費率系統而升高，這種系統於二〇〇四年引進，在那之後，每回治療都被個別計算，根據複雜的計算方式，原則上為每回診斷和治療帶來平均價值，於是盡可能計算多筆病例就能獲得財務優勢。有些病例，好比膝蓋手術，能賺特別多錢。有些領域相反地，好比兒童或婦產科是財務負數。每一步都必須被記錄，大部分的工作時間花在公文上。這個系統以醫師產生利益，畢竟是他們做出診斷和動手術。相反地，照護人員是成本因子。統一費率系統導致照護不足，該系統引進的時候，也就是介於二〇〇二到二〇〇六年，大約減少了三萬三千名全職照護人力。

對統一費率系統的批評聲浪很大，應該加以改革，而且迫切需要。也不能任由醫療院所的私人化繼續發展，因為，我們真正想要的是醫生的每一分鐘都利用到極致，還是要改進康復過程？在照護人力上節省，最後獲得更多利益？不值得照顧生病的孩子或產婦嗎？這個系統真的意味著市場掌控一切嗎？健康和照護終究必須更受重視——而且必須反映在系統上。

兩階級社會裡的工作

並非所有系統相關的工作，都屬於狹義的照護職業。系統相關的還有所有清潔街道和車站，駕駛巴士和卡車，運送包裹，清運垃圾，建築房屋，修理阻塞馬桶，收成馬鈴薯，屠宰豬隻，以及販售生活用品的人。他們通常也領著低薪，並且雇傭關係不穩定，這群人員也很缺乏，因為他們在疫情期間被辭退，找到新的工作；因為他們生病所以曠職；因為他們對惡劣工作條件不再有興趣。因為，這些做著攸關生活的工作的人，企業和我們做為社會，對待他們有如次等階級的人。我們在這方面也迫切需要改變，好讓我們的工作世界變得比較好、比較公平。

我們處在職位缺額高、失業人數低的情況。特別難找到員工的是薪水和工作條件都很差的職位，甚至發生領低薪和領國民救濟金被操作的情況，但是人們就是不願繼續做這種工作條件和薪資不好的工作，這難道不是種正面發展嗎？

「人們應該可以選擇讓他們尊嚴生活，並且滿足需求的工作——甚至稍微更進一步，讓他們不必持續活在生存最低標準邊緣。」潔米拉·米奇納（Jamila Michener）如上表示，她在康乃爾大學研究貧窮與不公平。「人們應該能夠選擇不會使自身及家人陷入危險的工作。目前貧窮經常被用來強迫人們接受他們一般不會接受的勞動市場條件。米奇納說：「你應該不必在真的對你有益，以及你必須去做否則就無以維生的工作之間抉擇。」

這也意味著，如果我們想要人們能夠有尊嚴地生活和工作，我們都必須調整我們的標準。米奇納說：「我想去大型超市，或是任何一家店，在那裡買到真正便宜的東西。或者我不想排在長長的隊伍裡等待，我想要許多結帳櫃檯開著，我有疑問的時候，想要某人在店裡。」我們想要一切，盡快，盡可能便宜，這時我們通常忘記：這對那些滿足我們要求的人造成一定的後果，他們的工作讓上述願望實現，自己卻常活得貧困或者瀕臨貧窮臨界線。二〇二一年在德國有一千三百六十萬人生活在貧窮之中，這是兩德統一以來的最高值。生活在貧窮之中是所得低於平均百分之六十的人，單身者在二〇二一年的所得平均值是每月一千一百四十八歐元，單親帶著小孩的所得平均值則是一千四百九十二歐元。貧窮者的五分之一是兒童和青少年，將近四分之一是退休人士。超過四分之一的貧窮者有工作，德國整整八十六萬人必須在工作之外申請補助，也就是社會救助。帶著孩子的家庭和單親人士落入貧窮的風險特別高。

但是德國的情形並不是沒有錢：貧窮比例升高的同時，德國二〇二一年國內生產毛額成長將近百分之三，失業率稍微下降，領取失業救濟金的人數也微降。

這一切都是分配的問題，德國的金錢分配特別不公平。頂端百分之十的人在德國擁有全國三分之二的淨財產值，人口裡最富裕的部分擁有超過三分之一的財產。中產階級崩潰，尤其是下緣部分，也就是中產階級下層，他們向下沉淪的風險比較高。相較於嬰兒潮世代，千禧世代比較少在展開職業生涯之後得以進入中產階級，尤其是既沒有高中文憑也沒有受過職業訓練的年輕人，最大的障礙是兼職和低薪。沒有良好第二份工作收入的家庭特別不好過。二〇二〇的新冠疫情年，德國前三十大上市公司老闆平均賺取五百四十萬歐元的總報酬，也就是固定薪資和變動酬勞總計，例如透過股票，每個人。這大約是同個企業一般職員薪資的七十六倍。大企業集團發給破紀錄的股利，能源集團從烏克蘭戰爭及瓦斯短缺賺錢。

剝削發生在社會層面：一部分勞工在惡劣條件和薪資下工作，好實現他人的輕鬆生活。或者說：「爛工作」（Lousy Jobs）讓擁有「美好工作」（Lovely Jobs）的人擁有更多。

爛工作和美好工作是馬騰．古斯（Maarten Goos）和亞倫．曼寧（Alan Manning）所提出的概念，他們把工作區分成這兩種。薪水好、要求高資歷的工作通常是典型的知識工作，沒有例行工作流程。相反地，薪水差，不要求資歷的工作經常是沒有例行工作流程的手工製造工作。不管是爛工作還是美好工作都增加——也因為科技和數位化的影響。減少的是中等程度的工作，典型的例行工作，混合手工和知識工作。古斯和曼寧稱這種發展為工作極端化：好和壞工作之間的差距持續擴大，中間部分減少。他們研究的雖然是英國一九七五年到一九九九年間的發展，但是我們在德國也發現類似的發展：薪水不好的服務業工作增加，商業財經相關的高薪工作也增加，減少的是典型中等資格的辦公室工作，以及需要證照的製造業手工工作。此處要探討的是「爛工作」，以及我們如何阻止爛工作和好工作之間的差距持續擴大。因為，遠距工作或減少工時並非人人可享有時，就有這種風險；會有一小群薪水不錯的知識工作者，為了生活舒適而創造出工作不穩定的勞工。

為了研究而從事數月低薪工作的美國記者芭芭拉・艾倫瑞克（Barbara Ehrenreich）針對這個主題寫道：「我個人聽著一些諺語長大，鼓吹『辛勤工作到厭煩』當作個人成功的秘密……當時沒有人為我們做好準備去面對一種可能性——你可以努力工作，甚至比你曾想像的都更辛勞，但卻陷入越來越高的負債及貧窮之中。」工作貧窮者實際上是我們社會當中最偉大的慈善家，艾倫瑞克寫道：「他們忽略自己的孩子，好讓他人的孩子受到良好照顧。他們住在破落的地方，好讓其他人的住宅被打掃得閃閃發亮、無懈可擊。他們吞忍困境和匱乏，好讓通貨膨脹率降低，股市高漲。屬於工作貧窮的人是匿名的捐贈者，無名的善人——為了其他所有的人。」這個說法適用於照護職業，但也適用於常被歸納到爛工作裡的服務業。

零工經濟如何改變工作世界

但是上述工作也產生影響，因為正是這些爛工作目前正激起阻力。勞工注意到他們不能，也不想繼續這樣下去。他們是維持企業運作和創造利潤的人。在物流、運輸和服務業裡，人員組織起來。他們要求比較好的薪資和工作條件。他們聯合起來好讓情況有所改變，他們展現出如何能縮小好工作和爛工作之間的差距。

這些差距甚至在企業內部都看得出來。好比德國食物外送平台利佛朗多（Lieferando），有些人在公司裡擔任機器學習工程師，或是藝術總監，其他人則從餐廳收取食物，然後騎著腳踏車把這些食物送到點餐者家裡。後者在高時間壓力和惡劣工作條件下工作，不管下雪還是熱浪來襲。二〇二二年夏天，利佛朗多邀請員工參加泳池派對，在柏林的佛列德里西海姆，邀請函上寫著「食物、飲料和獨享的游泳池，只供你們享用。」所謂的「只供你們享用」

卻不包含所有員工，繼續看下去的人就會知道怎麼回事：「活動只邀請利佛朗多的員工（德國和奧地利地區，駕駛員和零工除外）」。利佛朗多勞工團體（Lieferando Workers Collective）是駕駛員為爭取較佳工作條件的組織，他們把這份邀請函公開在推特上。這不是利佛朗多駕駛員第一次未收到公司慶祝會邀請：超過五千名辦公室職員在二〇二二年四月前往瑞士享受四天的滑雪假期，這趟旅行名為「雪的慶典」，公布的花費呢？一千五百萬歐元。勞工團體以一支短片發表駕駛員的反應：「我覺得這是個相當好的譬喻，」片中有個人說：「他們去滑雪度假，整天作樂，甚至穿著我們的夾克，然而在柏林這裡有這麼多人，騎著腳踏車穿梭在結冰的街道上，請求可以不必這麼做，不必在這種危險的條件下工作——但是公司還是強迫外送員這麼做。」

但是有些勞工不想繼續參與這種二分法，駕駛員在泳池派對前面以及社交媒體上示威抗議，討論公司的行為到底公不公平。在其他國家的送餐員也響亮發聲：富胖達在中國及香港的送餐員抗議，為了爭取比較公平的支付計算和工作條件。富胖達在緬甸的人員也發起罷工，快遞英雄公司（Delivery Hero）在土耳其的子公司「菜籃子」（Yemeksepeti）同樣進行罷工。

另一個以好和爛工作差距而聞名的企業是亞馬遜。亞馬遜的總裁安迪・賈西在二〇二一年賺了將近兩億一千三百萬美元——是一般外送員的六千倍。這個物流集團公司裡的員工工作條件特別嚴峻，薪資差異也特別大，遞送包裹的外送員也是。他們的每一步都被監視，壓力非常大。有些外送員甚至必須在輪班的時候利用塑膠袋排泄，因為他們不被允許擁有足夠的時間休息。二〇二一年八月，美國伊利諾州的亞馬遜倉庫有六名員工因龍捲風死亡，當時倉庫建築物部分坍塌，六名死亡的員工未能及時逃到有防護區的建築物北邊。

不僅企業，顧客對待外送員的方式部分就像他們是次等人一般。二〇二二年初在 TikTok 上曾有過（感謝上蒼為期甚短的）「風潮」：亞馬遜外送員在收貨顧客門上發現一張紙條，請他們為了監視器在門前跳舞，這些跳舞的片段後來被發布在 TikTok 上。Vice 雜誌寫道：「這些勞動者——沒有被付費而跳舞——變成社交媒體上的紅人。」送貨人員感受到壓力，做任何顧客要求的事情，只為了避免負面評價或投訴。

不是所有的外送員都被穩定雇用，許多人屬自雇性質，為亞馬遜 Flex 等企業工作，他們於是沒有受到保障的最短工期，必須自行負擔健康、退休及失業保險，並且開著自己的車子，要自行支付油錢、稅金和保險。要是包裹受損或遺失，他們要負責任。

這些工作都是平台或零工經濟（Gig economy）的一部分，在過去幾年根本改變工作勞動。平台成為工作的中心，不論是客運的 Uber，清潔服務的 Helpling 或是手工平台 MyHammer，能把事情做好的人就獲得五顆星，或是拿到現金小費。拿到不好評價的人，可能會失去生活資金。已經不再是主管來分配工作，工作組織完全透過運用軟體和數位平台進行——最終受演算法掌控。但這也意味著每個行動都受到監控，亞馬遜 Flex 也是這樣。路線在規定的時間裡跑完了嗎？所有的包裹都如計畫送達了嗎？演算法無視等待時間或惡劣的道路狀況，只給予外送員評等，拿到低評等的人會被開除。開除也不再由主管決定，而是自動發生，透過電子郵件。科技原本應該協助我們工作得比較好，而非比較差。我們想要為每個人創造比較好的工作世界，就必須迫切遠離演算法決定工作速度的勞動關係。

零工經濟下的勞動關係通常不穩定。身為其中一份子的人通常自雇工作，透過第三方公司受雇，或者只有以時薪計算的工作合約。在某些國家如英國甚至有合約的保證工作時數是零小時。要是有工作就提供給勞工，沒有任何保障，也沒有保證最低收入。零工經濟可說是「奮鬥文化」的頂峰，生產力高於一切：只要你夠努力，就能以這份工作致富，是這麼承諾的，而你擁有完全的自由，你是靈活的，可以隨時隨你所想地工作，不是很棒嗎？不，一點都不好。從這個承諾聽不到任何不穩定勞資關係、不安和惡劣的工作條件。

這種勞動關係並非一概沒有法律破綻：二〇二〇年，亞馬遜必須在西班牙穩定雇用三千名送貨員，他們之前是表面上自雇的員工。Uber 必須在荷蘭固定雇用駕駛。其他國家也有些據稱非常有彈性的工作條件被送上法庭。

Uber 等公司在初創產業的低利高投資時代壯大，但是現在這些零工經濟的企業正面臨轉折點：利息上升，這些公司對投資者就越來越沒有吸引力，越不想資助（還）沒什麼獲利的行當。但是這些企業的運作方式是盡可能吸引許多顧客，即使顧客必須為單次訂單或載送服務多付錢。要是無法繼續下去，因為不再有足夠的投資金額，價格就上漲，使用者人數下降，獲利就越來越差。

此外，正因為有這麼多職缺，要找到便宜的人力也越來越困難。企業迫切尋找好的員工，而勞工可選擇想要為誰工作。根據一份內部文件，美國亞馬遜可能在二〇二四年就人手短缺，全球疫情開始之前，亞馬遜每年失去百分之一百五十的人員，遠超過業界其他公司。所有這些人都必須被替代，但是可用的勞動人力庫規模在每個地區不盡相同。亞馬遜否認這份文件呈現真實情況，但是美國失業率五十年來從不曾這麼低，要把空缺職位補滿人以服務需求將依舊困難。

企業工會和工會的新時代

勞工也知道自己的勞動力是企業迫切所需，他們越來越能選擇要為誰工作——以及如何工作。勞工意識到自己的力量，清楚呈現在企業工會成立數量增加的發展上，不僅是工廠裡的員工組織起來，歷史上不以組織聞名的行業及企業裡的員工也把自己組織起來：TikTok的員工，加拿大的電玩產業，德國南奧樂齊超市，甚至洛杉磯的脫衣舞俱樂部員工都有工會。還有亞馬遜。德國漢諾瓦伍斯托夫地區，亞馬遜配貨中心的員工在二〇二二年夏天成立企業工會，亞馬遜在德國阿新和溫森的分公司員工也組成了工會。

比在下薩克森邦更大規模的是美國亞馬遜員工的組織運動。在美國，所謂的工會（union）視情況可以是企業工會（Betriebsrat）或是工會（Gewerkschaft）：企業裡的員工決定加入工會，他們原則上就會組成企業工會，然後通常接受更高層組織——相當於工會——的支援，和管理階層協商契約。亞馬遜的員工必須就其所在地建立個別組織，每個物流中心和配貨中心自行決定是否加入工會。德國的情形也類似，例如美妝連鎖店道格拉斯（Douglas）或奧樂齊超市的員工想成立企業工會，那麼每個分店的員工必須自行決定。這使勞工不易組織起來，因為每個分店必須聚集足夠的員工，並且說服他們組成工會。

美國亞馬遜的勞工運動由克里斯．斯摩爾思領導，他是三十多歲的非裔美國人。他在二〇二〇年組織一場罷工，要求亞馬遜倉儲員工獲得更好的新冠肺炎感染防護，結果被開除。但是解雇並未讓斯摩爾思放手，恰恰相反：現在他有時間完全投入前工作場所的員工組織。他幾乎每天到物流中心前面，長達十一個月之久，和他的前同事攀談。他烤肉並且分發食物，他說：「我們做一切必要的事情，好接觸員工，讓他們的生活稍微好過點，減少一點壓力。」他的努力獲得成果：二〇二二年四月一日起，亞馬遜位於紐約市行政區史丹頓島的物流中心加入亞馬遜勞工工會（Amazon Labor Union，簡稱ALU），這是斯摩爾思和其他亞馬遜員工成立的工會。亞馬遜公司盡一切力量終止企業員工組織起來，甚至訴諸法律，最後沒有成果：員工比較強大。在美國，企業每年花費約三億四千萬美元在破壞工會（union busting）上——亦即試著阻止員工成立企業工會。在德國也一再出現企業做出系統性嘗試，企圖干擾或阻止企業工會成立。咖啡連鎖店星巴克也經歷了一回企業工會成立浪潮。最初也是由單一店面展開，位在美國紐約州的布法羅。二〇二一年十二月，有一家星巴克連鎖店加入「勞工聯盟工會」（Workers United），員工並且贊成組織企業工會。星巴克在此前最後組成的企業工會是在一九八〇年代。二〇二二年七月，也就是半年後，已經有超過一百八十家美國星巴克連鎖店決議加入工會。但是為何恰好是星巴克成為勞工新力量的最佳範例呢？為了找出原因，我和俄亥俄州哥倫布市的賈布及戴蒙碰面，他們兩個人都在星巴克工作，並且致力於將分店裡的員工組織起來。此外參與會面的還有傑洛米，他十五年來協助勞工加入工會。

戴蒙在星巴克已經九年，他說：「差不多變成『公職』了。」他的咖啡店面位在市中心，距離俄亥俄州辦公室五分鐘，也就是該州政府所在地。他說他從星巴克開始，因為這是人們聚集的地方。

賈布在星巴克工作已經三年，這是他搬到城裡之後第一份應徵的工作。他夢想著有一天能開一家屬於自己的咖啡店，想著他可以在星巴克學習如何經營。他的分店位在威斯特維爾，距離哥倫布市中心約二十分鐘車程的北邊，在高速公路旁，在一堆速食店旁邊，肯德基、約翰披薩、溫蒂漢堡以及潘娜拉麵包店。和他們兩位談話中我了解到，為何剛好就在目前這個時機，對改變產生那麼大的期盼：因為過去幾年的工作條件劇烈改變，而且趨於負面。

星巴克還算是美國的進步企業，在那裡工作的人能獲得健康保險，這在服務業並非理所當然的事；此外還提供有薪假以及大學學費補貼。我不知道的是：健康保險只提供給有一定工作時數的僱員。失去工作或是工作時數不足的人就失去保險。但隨著新冠疫情不僅對健康保險的需求提高，工作負擔也增加了。

「他們對我們說會照顧我們。」戴蒙述說。新冠疫情一開始的時候，每個不顧疫情依舊上班的人的時薪增加三美元。但是為時不長，只到所有防護措施再度取消為止。從二〇二〇年夏天開始，顧客又可以不戴口罩進入店裡。員工拿到薄薄的T恤布料製作的口罩——不是非常好的保護，如我們這時已知。「聽起來誠意滿滿，他們在企業裡怎麼談論的，說我們就像咖啡一樣強烈，他們懂得將我們視為核心勞力而加以珍惜，」戴蒙說：「然後，非常短的時間之後，他們決定獲利高於我們的安全，就像直接被賞了一耳光。」

賈布敘述，他的分店是當時少數幾乎持續營業的店面，「我們的等待時間達三十分鐘，雖然我們已經關閉線上點餐。」他說：「咖啡店滿得像週六晚間的酒吧。」

在新冠疫情之前，工作就已經被壓縮得十分厲害。以前想在星巴克喝杯咖啡的人就走進咖啡店，在櫃檯點咖啡，然後取飲料。如今顧客可以線上點咖啡，讓人外送，或直接在車上點咖啡：這種得來速尤其位在高速公路或大馬路邊，賈布的分店就是這一種，他說：「咖啡店開始營業之前，就有一堆汽車排到轉角，阻礙交通，等著咖啡店開門。」不同的點餐途徑使工作負擔以及員工所受壓力增加。

除了普遍工作密集還有特殊活動所導致的尖峰時間。好比「紅杯子日」活動，用免費的紅色塑膠杯裝聖誕飲料販售。賈布說：「我們的等待時間那麼長，我們用額外人力備好成堆早已冷掉的食物。」賈布稱之為大混亂，他說：「我們沒有因為這些工作獲得任何紅利。一切都沒按計畫進行，企業賺大錢。」雖然星巴克在二〇二〇年的營業額因為疫情而大幅減少，但二〇二一年營業額再度超越二〇一九年。「財富分配的差異那麼大，薪資非常不公平。」戴蒙說：「更多收益只是更多收益，但也可以是給員工的較高薪水。我們那麼多人活在貧窮之中，或是真的不好過。」經常是分店店長自掏腰包舉行披薩之夜，或是請大家喝一輪飲料，好稍微酬謝員工負擔額外工作。

但大部分是員工本身累到不想做這些。「沒人想在特別活動之後還留下來做些什麼，因為每個人情緒和身體上都已經疲倦。」賈布說：「我經常就乾脆回家，躺到沙發上，抬高雙腿，看電視。」戴蒙說：「我只是乾脆盯著牆壁。我落入真正的危機：你下班了，該做些什麼，但是我那麼累，根本什麼都不想做。」

我問傑洛米，他早已曾在許多企業裡協助成立企業工會組織，但在疫情期間有所改變。他解釋，企業手上一直有個籌碼：他們的員工夢想擁有中產階級生活，條件就是工作，失去工作對他們就是種風險。「人們必須走到某個點，感覺到自己再也沒什麼可損失的。」傑洛米表示：「但是我還沒聽任何人提到過。」疫情期間卻不一樣了，戴蒙也證實這一點：「我在服務業工作超過十年，大家都想雇用我們，我可以前往任何地方，在餐飲業找到工作。我並不倚仗自己不會被開除。我知道自己的價值。」

疫情揭開企業幾十年來的宣傳布幕，傑洛米這麼表示。企業老是宣稱他們就像一家人，會照顧公司員工。「現在人們注意到：我們不能信賴僱主，但是我們可以信任彼此。」

從全美各地的星巴克員工可看到所形成的團體：分店員工在社交媒體上彼此聲援，為每一家組織企業工會的分店慶祝。有些人可說成為星巴克工會運動的名人，尤其是那些在他們店裡爭取加入勞工聯盟而被開除的人。目前有個法院判決，有些解雇案例並不合法。有些想成立企業工會的分店甚至完全結束營業。星巴克創辦人霍華．舒茲不喜歡企業工會和工會，這並不是秘密，他有一些名言，好比「我們不是礦工，我們不會虐待我們的人。」或是「我們能走到今日這個規模，不是因為有工會。」

但隨後，在布法羅出現第一個員工組織起來的分店，還有好幾個分店選出企業工會代表。「要不是布法羅掀起這麼大的浪潮，我不認為我們分店會考慮組織起來。」賈布說：「我不知道我們在生活用品工業可以做這樣的事情。」布法羅也改變戴蒙所在分店的一切：「我們密切注意一切，任何消息，」他說：「我們看到，他們出於非常類似的原因，甚至可說同樣的因素而組織起來，會讓我們也這麼做的因素。」對企業的要求視分店而定，但通常包括較好的工作條件和薪資，更多人力，以及顧客刷卡結帳的時候也能給小費的機會。

目前賈布和戴蒙工作的分店已經成為工會的一部分，賈布說：「我相信星巴克確實低估了千禧世代和Z世代運用社交媒體的能耐。」運動在社交媒體上形成，在線上擴散開來，現在已經進到分店裡。

這在星巴克及亞馬遜以外也掀起浪潮。美國對工會的支持發生趨勢變化：超過百分之七十的美國人民贊成企業工會及工會，這是一九六五年以來的最高峰。但在二〇二一年，美國勞工只有百分之十點三成為工會會員，德國在二〇一八年有將近百分之十七的勞工是工會會員。比較年輕的人、文職人員和學院人士比較少自我組織，如德國經濟學院的評估顯示，政府人員的工會成員比將近百分之二十八，工人是百分之二十二。但是這裡也有至今不具代表性的人改變想法：年輕人，通常不穩定雇用的員工在德國也組織起來，後者常為初創產業工作，據說他們能革新自己的產業。

「我們對他們不算一回事」

這些企業之一是「大猩猩」（Gorillas），一家外送服務公司，承諾能將所購買商品「幾分鐘之內」送達。住在大都市裡的人一定曾看過他們的外送員，他們穿著黑色衣服，背著一個巨大的方形背包。訂貨透過應用軟體，生活用品集中放在倉庫裡，由撿貨員打包，然後由外送員騎腳踏車送貨。該公司於二〇二〇年五月在柏林成立，一年之後的公司價值超過十億美元。二〇二一年，大猩猩員工成立企業工會——即使企業經營者試著上法庭阻止其成立。

大猩猩外送員的待遇是這樣：他們獲得固定的鐘點薪資，外加以送貨量計算的紅利，以及潛在的小費。誰何時必須前往何處都由軟體通知。特別快速的人獲得比較多單，因此也就賺得比較多。曾經一度流傳，這個系統甚至在排班時會偏好比較快的外送員。二〇二二年夏天的時候，我和目前以及從前的大猩猩工作人員在柏林碰面，他們的名字都經過變造。

蘇尼爾來自印度，在德國就讀大學，為大猩猩工作當外送員賺取生活費。但那是過去式，因為蘇尼爾屬於「麻煩製造者」那一群人，他們為成立企業工會而努力，結果被開除。我們談話的時候，他正因此上法院對抗大猩猩。蘇尼爾在企業工會中非常積極，聯繫網絡超出他工作的公司：和佛林克（Flink）、哥替爾（Getir）以及利佛朗多的員工交流，他們在類似條件下工作，也把自己組織起來。

我陪著他去參加企業工會的定期活動：前往勞工法庭。大猩猩勞工委員會（Gorillas Workers' Council）定期協助同仁向法庭遞件，向企業提出要求。但是許多人不敢提出告訴，蘇尼爾表示，大部分的外送員來自巴基斯坦，或是和他一樣來自印度。相反地，根據他的經驗，在倉庫裡工作的人主要來自歐洲或南美洲。他說：「有簽證的人，或是來自美國、英國和其他歐盟國家的人通常不會提告，因為他們有其他賺錢的可能性。」

我們在勞工法庭和尼克碰面，尼克在大猩猩擔任撿貨員，也就是在倉庫裡挑出商品。他原本來自英國，在大猩猩獲得一年合約，在三個月前結束，從那時起他就等著剩餘尚未支付的薪水，超過兩千歐元。「我有三個月拿不到一毛錢，」尼克敘述：「我再也付不出房租，從星期一開始我不再有公寓可住，我無法支付成疊的帳單。我向朋友們借了那麼多錢，就為了活下去。」情況對尼克的精神狀態也產生影響：「我覺得難以置信地疲累，有些日子真的很憂鬱，有時甚至起不了床。」他讓我看了一些他寄給大猩猩的電子郵件，他在其中說明，不能拿到這筆錢對他意味著什麼。他在郵件中寫道，他將失去居住的公寓。他和一個朋友一起住，對方同樣正在找工作。他寄給公司的郵件裡寫著「我有自殺的念頭。」他獲得的回答是：「真抱歉，我幫不上忙。」我們談論他在大猩猩的時光。我訝異於即使經歷這一切，他依然說：「最初六個月真的太棒了。」大猩猩當時創業不到一年，「沒有那些企業集團的混話。」然後公司開始關注業績成長而非人們，「所有的人都那麼辛勞工作，好讓大猩猩成功。」他說：「但是沒有受到任何一點重視。」

我們向勞動法庭遞交薪資訴訟的文件之後，回到柏林腓特烈斯海因區的大猩猩勞工委員會辦公室，辦公室位在大猩猩以前的倉庫之一，有個小廚房，讓我想到合租屋的廚房。天氣熱，所有的門都開著，有個通風機吹著風。雖然炎熱，幾個過去和現在的同仁過來，敘述了他們的經驗。

馬可離開大猩猩已經一陣子了，他很快就在一家餐廳找到新工作。他說：

「人們都離開了，有不同的原因，幾乎沒有新人進來。」有個時間點甚至員工太少，完全的災難，「但是我們還是想辦法撐過去，不過我們從未獲得管理高層真正的充分協助。」他擔任外送員的時候發生工作意外，街道鵝卵石、下雨天，一個跑到街上的孩子，他煞車，跌倒，頭撞到地上。他說：「我很幸運，我戴著安全頭盔。」很多人沒戴安全頭盔就上路。《南德時報雜誌》（*SZ-Magazin*）也報導：起初外送員必須共用安全頭盔，目前企業提供外送員防護裝備，包括安全頭盔。大猩猩也為外送員排班提供電動腳踏車。如該公司網頁可見，員工此外還需要「一支具備數據連接功能的手機」，正如聯邦勞動法庭二〇二一年判決，外送員「有權力要求公司提供適當的自行車及行動電話，以做為基本、適當的工作用品。」合約性偏差有可能成立，如果使用自己的自行車及行動電話應「獲得公司承諾給予適當的金錢補償」。卡洛斯告訴我，外送員拿到的自行車經常是故障的，沒有進行足夠的維修。缺乏裝備在天氣惡劣時特別麻煩：二〇二一年，多家外送服務公司的外送員在柏林示威，抗議他們在下雪和地面結冰的情況下，還要外送生活用品——根據他們的說法，是在裝備不足的情況下。

大猩猩能壯大也要歸功於新冠疫情，許多人待在家裡，讓人把生活用品送上門。相反面在物流中心和倉庫上演，在其中工作的員工感染新冠肺炎。有個員工對我說：「我不知道我們究竟有多少人感染，但是他們從不曾關閉倉庫，甚至連關閉一個鐘頭以進行正確徹底消毒都沒有。」另一個和我談話的員工，他在大猩猩工作的時候感染了新冠肺炎，他向健康部會通報，向公司清楚說明自己染疫，他留在家裡。他出現症狀，真的生病了，當時公告的隔離時間是十天，五天之後他接到電話，詢問他是否能回到工作崗位。「他們施加許多壓力，我只好做個快速篩檢，然後再做ＰＣＲ檢測，兩次都是陽性。」他把額外的檢測結果寄給公司之後，他們才放過他。

「這些不是可接受的工作條件，」卡洛斯評論大猩猩的工作：「我不能相信德國居然敢自許是歐洲的領頭國家，我們所經歷的不是歐洲標準。這不是歐洲。」我們在德國發生這種情況和社會福利改革的「二〇一〇議程」（Agenda 2010）也有關係，這個議程最後導致哈茨失業救濟的變革。自從哈茨失業救濟於二〇〇三年施行以來，非典勞動的人數急遽增加：兼職、迷你工、限期勞工、一人自雇或是派遣工。有社會保險義務的全職勞工數在二〇〇三到二〇一六年間相對維持穩定，將近兩千三百萬人。與此同時，兼職和派遣工人數總計從低於五百萬上升到九百萬以上。光是迷你工就從五百六十萬上升到七百七十五萬。此外，德國低薪比率相對高，二〇一八年高於百分之二十，歐盟平均比率則是百分之十五點五。低薪意味著勞工薪資低於中等淨時薪的百分之六十。在丹麥、法國和義大利，低薪比率低於百分之十，芬蘭、葡萄牙和瑞典低於百分之五。確實，德國的失業率從二〇〇三年開始大幅下降——從百分之十一點六降到二〇一九年的百分之五點五。但並非因為人們被介紹獲得好工作，而是他們進入不穩定的勞動關係，其中只有少數人進入常規的全職工作，全職工作是政治目標，但要是越來越缺少有著合理薪資及工作條件的好工作，同時越來越多工作的人活在貧窮之中，那麼其實沒有太多成果。

智庫「未來部」（Dezernat Zukunft）就這一方面批評「全職」這個概念只有「部分意義：失業率並不說明工作是否適合某人，或能否讓他實現有尊嚴的生活。因此對勞動市場潛力是否完全發揮，其實所揭示的訊息不多。」在專業人力欠缺以及人口結構變化的時代，只觀察失業率並不足夠，以完全就業為目標取而代之比較有意義：「這是一種所有就業年齡的人都有機會，將自己的能力和要求如其所願地轉換成工作的狀態。」於是人們能好好賺取自己的生活費，提供未來所需，但也可能表示「良好運用資源以確保工作」。

英裔美籍經濟學家大衛．格蘭．布蘭奇佛洛爾（David G. Blanchflower）就這方面認為政治有義務改變人們的想法：「因為政府只關注失業率，因此認為一切蓬勃發展，反正失業率保持低點而且持續下降。但問題在於，我們在一些國家如美國、英國、荷蘭或德國要是真的看到完全就業，那麼為何還有這麼多人絕望，手邊的錢不夠用，發生憂鬱症，投票給右派民粹人士，覺得自己被社會拋棄？」百分之三的失業率一般相當於完全就業，布蘭奇佛洛爾表示：「因為某人總是介於兩個工作之間，剛好絕對不想或不能接受單一工作。」對失業率的看法有多分歧，可從二〇一八年八月二十九日的頭條看出：《法蘭克福匯報》（*Frankfurter Allgemeine Zeitung*）對失業率百分之五的看法是：「德國接近完全就業。」針對同一個數字，《商業報》（*Handelsblatt*）所下的標題卻是：「完全就業的道路還很長。」

德國的緊縮政策，也就是政府的撙節措施不顧一切要維持「黑色的零」，根據布蘭奇佛洛爾的看法同樣要對勞動市場的情況負責：緊縮政策一方面踩經濟的煞車，阻礙「人們從就業不足轉進良好、穩定的工作關係」。另一方面，緊縮政策還對一些機構如社會機關、社區及公民中心等裁減相當經費，這些機構原本能在人們陷入危機時提供支援。工會的減少在布蘭奇佛洛爾眼中也是此一發展的一部分。這一切導致一些工作的誕生，人們在其中經常沒有受到良好對待，或者薪資低到不足以維生。根據德國三色政府[11]的聯合協議，哈茨失業救濟金改革有部分應在接下來幾年撤回，哈茨第四版變成國民救濟金，至少應減少懲罰性，強化取得資格的刺激。最低工資上漲是個好跡象，但如果時薪同時受限或不能受到保障，僅靠這一點也無濟於事。每個月底，你的帳戶裡不一定有更多的錢。單是提供工資而沒有改變工作條件，並不足夠。因此政治框架條件也和德國就業狀況相關，亦即卡洛斯在大猩猩勞工委員會對我所做的敘述。

好比卡洛斯在談話中一再告訴我，不只他，還有其他和我談過的大猩猩員工都這麼說：「他們不在乎。」或是：我們對他們根本不算一回事。兩階級社會的意象又在此浮現，清楚分割在倉庫和在辦公室工作的人們，現任一位員工說：「辦公室的人來我們這裡就像來到實驗室觀察老鼠一樣。」我問有什麼必須加以改變，所有的人都搖搖手，他們覺得，要改變趨勢幾乎沒有什麼是企業能著手的。有個人甚至認為，我的書出版時，大猩猩可能已經不存在。

大猩猩的狀況確實不怎麼好。二〇二二年六月，《經理人雜誌》（*Manager Magazin*）報導，初創產業最後一輪融資失敗，現有投資者不想繼續投入資金。大猩猩萎縮，員工被辭退，在比利時的經營已經結束。其他外送初創產業公司也不斷製造負面頭條。這種經濟模式的衰亡將近——勞工以不穩定的勞動關係為公司工作，透過軟體接單——也可能是我們所知的零工經濟的終結。

這對目前從事這類工作的人而言是好徵兆，他們因為專業人力缺乏比較容易找到替代工作。對消費者意味著必須再度告別某些舒適性。十五分鐘後就被腳踏車送上門的一袋洋芋片，好讓人們不必親自上超市；搭 Uber 從酒吧返家，以免必須搭地鐵。下訂當天送到的亞馬遜包裹，不管外送員是否有時間暫時休息一下。我們之中許多人為了自己的舒適，長久以來支持我們已知對待員工不好的企業，畢竟很便宜——而許多人需要這些不穩定的工作（至

11 社民黨、基民黨及綠黨組成的聯合政府。

少我們這樣說服自己），但是在一個所有企業迫切徵求員工的勞動市場裡，對勞工而言有更多機會四處看看。這是好事，也是重要的事。因為當我們談論，我們將來想怎麼工作，那我們同時也在說，該如何為所有的人實現良好又穩定的工作條件。

頂著博士頭銜的不穩定工作

大部分工作不穩定的人，他們都從事如我至此所描述的工作，超市員工、照護人員、外送員，但是這些行業並非唯一工作條件對年輕人非常不穩定的領域。另一個例子偏偏在過去幾年非常清楚呈現出相關性：學術工作。

二〇二一年，有個標籤四處流竄：我是漢娜（#IchBinHanna），年輕的學術工作者分享工作日常有問題的一切，公開談論頂著博士頭銜的生活有多不穩定。一切都從德國教育及研究部的一支影片開始，這支影片目前已經被刪除。我們從影片認識「漢娜」，她是生物學家，正在撰寫博士論文。她有個為期三年的工作合約，才剛延長三年。要等到她的博士論文完成，她才能獲得其他合約，允許她可以在研究及教學方面工作。影片解釋所謂的「學術界限期契約法」（簡稱 WissZeitVG），如影片所述，這個法律是為了避免一整個世代「占盡所有位子」。要是她取得博士頭銜，漢娜才終於可以接受其他限期契約，例如為了教授升等論文。博士後研究最多可以有六年的限期契約，或是換句話說：漢娜可以從一個限期契約換到下一個限期契約達十二年。沒有限期的合約？沒有。影片裡解釋：「漢娜知道，學術界的職業生涯必須提早規劃。」但年輕人在學術界所缺的正是規劃生活的機會。德國大專院校三分之二以學術為主業的人員都只有限期工作合約——教授們合計在內。平均合約期間是二十個月，遠少於兩年。

雖然非常成功但依舊沒有穩定雇用，可從艾瑪．霍德克洛夫特這個例子看出。她是遺傳流行病學家，參與Nextstrain的發展，這是個開源平台，可以真實時間追蹤病毒如何變化。她研究人類免疫缺陷病毒和新型冠狀病毒（Sars-CoV-2），目前在瑞士工作。她在推特上有一萬個追蹤者；新冠疫情期間她以專家身分定期上電視，包括德國公共聯播網（ARD）、德國公共電視台（ZDF）、瑞士德語廣播（SRF）、德國之聲（Deutsche Welle）和英國國家廣播電台（BBC）。

在自由經濟中，人們會為她這樣的成就而歡呼，她會出現在頂尖人士名單，獲頒獎項。但在學術界，要是她的工作合約能被延長，她就很高興了，她說：「許多做博士後的人只有一年或者兩年的合約，或者期限不明的合約，可以延長，只要你能湊出更多錢。」她兩年來都處在這樣的位置，「你永遠不知道下次完工期限之後是否還有工作。」這般的不確定性帶來許多壓力，艾瑪說：「這對心理健康並不好，你擔心你下次何時會看到夥伴，你是否能保有住所，你是否會失去工作。」她不具備瑞士國籍，她的居留許可和租約都和工作合約相連，工作合約終止，她就必須放下在瑞士的整個生活。

並非我們放棄年輕學術研究者就好，艾瑪說：「大部分的人不了解，不穩定雇用的人員使多少研究得以進行。」她描述學術世界就像個金字塔，「許多人在底層，他們察覺在頂尖的人會發生什麼事。要是今日學術界所有不穩定雇用的人都消失，研究將完全停擺。」她說：「我們完全依賴不穩定雇用的勞動力、知識和經驗，但我們也完全仰賴他們多數的人離開，因為金字塔頂端沒有位置了。」在企業裡很清楚，不是所有的人都會成為總裁或頂尖領導人士，但是也不期待所有的勞工每兩年就必須離職。艾瑪說：「即使如此，你還是團隊成員，受重視，做著必要的工作，好讓企業維持運作。」

新冠疫情期間，不穩定工作的人拯救了我們，艾瑪說：「全球疫情期間，要不是博士生、大學生、後博士生、學術研究助教和受雇的科學家，那麼多工作根本不可能完成。」她表示，他們之中許多人放下一切，終止手邊的計畫，前來完成基本工作。現在卻非常可能是這些人走到合約終點，不知道之後等著自己的是什麼。他們針對新冠肺炎的工作最後可能對他們及他們的職涯發生負面效應。艾瑪擔心，碰到下一回的疫情，有些學術研究者可能因此退縮，寧可繼續自己的研究計畫。

那麼什麼應該加以改變？艾瑪期盼，學術成果不只用論文發表數來評估，也要考量對知識界做出多少貢獻，好比透過分享資料，參與大型共同企劃或科學交流。此外她批評，學術科學研究相當依賴第三方資金，但這些資金通常只實現短期可計畫性，卻要花很多時間來申請。多些財務可計畫性也提高研究者的安定性。此外還需要清楚的道路，好留在學術圈裡，以及提供更多中階職位。教育及學術人員工會（GEW）要求改革「學術界限期契約法」，教育及學術人員工會把將近二十八萬人組織起來，他們在學校、幼兒員、大學和其他教育機構工作。工會要求約束博士後研究生的限期雇用，延長限期合約的最短效期。此外長期任務也應該提供長期職位，使學術界除了教授之外還有其他的職業生涯。

因為，像學術界和其他職業領域的運作方式——限定工作期，沒有後續發展可能性——其實只給了年輕人一個訊息：不管你有多成功，我們其實希望你離職。不管你的貢獻有多偉大，我們並不給你未來。某人大概又會跳出來指責，年輕人「就是不想工作」。年輕人又何必呢？要是他們被扔進一個職業世界，這個世界第一天就對他們發出訊號，表示他們是不被期待而且沒有價值，年輕人就必須因為勞力能為超低薪付出而感激涕零嗎？許多年輕人決定不再獨自對抗這樣的結構，而是將自己組織起來，這是正面的訊號，告訴我們：要是你們對我們漠不關心，那我們就強迫你們關注我們，因為我們是維持你們公司運作的人。勞工擁有力量，可藉此左右工作條件，他們可以參與改變。歷史上看來，工作條件的改變——好比縮短工時，是由工會抗爭而來。工會和其他形式的組織目前正經歷再興，受到年輕勞工的推動，受到社交媒體的支援。他們能讓每個人的工作變得比較好，正因為不是單一個人投入，而是大家團結一致。

要是我們為了全球氣候工作會怎樣？

我們為了工作疲累又倦怠，因此幾乎沒有精力去關注我們這個時代最大的危機：氣候危機。要是我們所有的時間都用來工作、工作、工作，我們該如何解除這個危機？我們需要更大幅的改變，改變整個生活方式，重新思考如何營生——當然也包括如何工作。我們沒剩下多少時間進行變革：要是我們一如往常，我們不僅錯過一點五度的目標，這是聯合國二〇一五年巴黎氣候協定所議定的目標，這也已經是妥協的結果。我們甚至會在未來十年內超過一點五度的界線。

目前極端氣候事件如乾旱、熱浪、強降雨和熱帶颶風不僅更常出現，強度也更高，持續時間也更長。後果呈現在好比巴基斯坦，二〇二二年在強烈梅雨之後，該國三分之一的土地被淹沒。或者是索馬利亞，成千上萬的人受到饑荒的威脅。我們失去植物、昆蟲和動物種類。越來越少飲用水，德國也一樣。海洋變酸了。一旦越過特定傾覆點，好比永凍層融化，極端氣候的發展會持續加速。專家警告，要是不遵守巴黎協定，甚至將超過一些傾覆點。

如果我們想阻止氣候繼續暖化及其災難性後果，我們必須採取行動：必須減少溫室氣體排放，取代石油能源。經濟大國如德國背負特別大的歷史責任，因為它們從工業化以來就導致高排放量，也依舊持續排放超出平均的溫室氣體。

目前我們經濟系統的基礎是一切必須越來越多：越來越高的產量、更多消費、銷售更多——這一切不能就這麼繼續下去。一個國家經濟有多成功，目前是以國內生產毛額評量，但是其中並不包含自然資源價值，這是我們真正用來支付產品和服務的東西：消耗多少水，排放多少二氧化碳，以及砍伐多少森林。在企業裡，總裁的獲利以他們為股東放大多少利潤來計算，而不是他們經營有多永續。這種營利方式必須改變，我們無可閃避，必須根據新的規則改變我們的經濟。

其中有些方案，好比甜甜圈經濟，由英國經濟學家凱特・拉沃斯（Kate Raworth）提出，她將經濟想像成一個甜甜圈，有內、外雙環。內環是富裕的社會基礎，跌出內環的人缺少水、營養、教育、健康、收入、工作以及平等權利。外環是經濟天花板，要是我們超過這個界線，結果就是好比氣候變遷，喪失生物多樣性，海洋變酸以及空污。兩個環之間，也就是在甜甜圈內部，這是滿足地球上所有人類需求的地方，所消耗能源不超出現有能源。目前我們超出內、外雙環的界線，必須加以改變，因為甜甜圈本身，拉沃斯寫著：「是人類安全和公平生活的空間。」經濟、氣候和社會公平被聯繫在一起。在一些城市裡，甜甜圈經濟已經被視為策略指南。好比阿姆斯特丹，居民被帶到甜甜圈內部，確保他們有良好生活品質，卻不會對地球造成太多壓力。

德國克雷菲德和巴德瑙海姆兩地參與案例研究，觀察甜甜圈經濟如何能在地區層面應用於轉型。

新經濟方式的大規模必要改變當然必須由政治主導，但拉沃斯也指出個人和企業的責任：「要是我們依照甜甜圈原則規劃自己的生活，自問：我購物、飲食、旅行、賺取生活費用、選舉、完成銀行事務，以及我一般行為如何影響社會和地球界線？要是所有企業依照甜甜圈原則規劃策略，自問：我們的品牌是個甜甜圈品牌嗎？有對於人類回歸安全、公平環境做出貢獻嗎？」

在氣候危機下工作已經成什麼樣子

要是氣候變化持續推進，不僅危害我們的生活基礎，也危及我們的工作。我寫下這一頁的時候，注意到在極端高溫下集中精神工作有多困難：二〇二二年夏天，我們處於熱浪之中，非常炎熱。整個歐洲都發燙，連倫敦的溫度都超過攝氏四十度。這年夏天不僅歐洲非常炎熱，中國也經歷了有氣候紀錄以來最惡劣的熱浪。印度和巴基斯坦在五月就已經超過五十度。美國的氣溫也達到五十度標記。

在辦公室工作並不舒適，但其他領域的工作也很快對健康和生活造成危險：慕尼黑一家道格拉斯分店的空調失靈，溫度超過三十五度，員工表示頭痛，有個員工跌倒，另一個因為熱浪而嘔吐。向營業監督機關投訴之後，終於使分店停業。木匠在屋頂上工作很快就會超過五十度，熱到鞋底橡膠都變軟，太陽則直射屋頂和頭部。跪在磚塊上工作的人出現水泡。健康保險公司記錄到比較多因熱浪而請病假的數字。在過去十年，因為「熱浪和陽光」而無法工作的天數至少增加一倍。二〇一八年，夏天特別熱，法定健康保險公司統計因熱浪而請假的天數超過八萬天。

要是全球溫度到二一〇〇年上升一點五度（這已經是非常樂觀的假設），全球工作在二〇三〇年就將因高溫減少百分之二點二，相當於八千萬人的全職工作。特別受到影響的是低收入和工作條件惡劣的國家，在南亞及西非等地區。農業和建築業將受到特別強烈影響，而且這兩種行業有許多季節工人、不穩定工作條件，以及雖然工作卻仍生活在貧窮之中的人。他們受高溫的影響超過比例，有部分被迫移民。

死亡案例也會增加：二〇一九年六月，德國黑森邦葛林斯海姆一名協助收成的克羅埃西亞籍工人死亡，他在田地裡倒下，身體溫度高達四十二點二度。在同一週，巴登伍爾騰邦一名羅馬尼亞籍的季節工人死於熱休克。這是兩起被納入統計數字的因高溫而死亡的工作意外，被記錄是例外，一般而言因高溫而死亡幾乎不曾被統計過，終究這些人的死因是腎衰竭或心跳停止，通常不會記錄高溫是致死原因。但超額死亡率顯示，因高溫而死亡的人數增加：以二〇一八年中到二〇二一年統計數字為準，二〇二一年該月的死亡人數比預期的增加百分之十二。在特別炎熱的幾個星期裡，這個值明顯比較高。而且不只高溫會致命，還有其他因素受氣候變遷增強。我們的工作日常必須調整以適應這些變化：增加午休時間，更多規範以保護高溫或極端氣候事件下的勞工。

每個工作都變成氣候工作

氣候危機的程度可能快速導致我們覺得癱瘓，產生反正什麼都做不了的印象，即所謂的氣候焦慮。但是這並不正確，我們可以做出貢獻，促進改變。我們如何組織工作的方式也可以在許多面向啟動改變，好比透過減少工時或是多點居家上班。工作畢竟是經濟最核心的部分，經濟也是我們必改事項的核心部分。「企業在接下來幾年所做的事關乎存亡，我們不能將之交給一小群人，只由他們來決定我們全球的命運。」潔米・貝克・亞歷山大（Jamie Beck Alexander）如上表示，她是「撤回實驗室」（Drawdown Labs）的領導人，這是一個為私人企業規劃氣候解方的非營利組織。她認為政治有這方面的義務，但企業也有。企業能如何積極投入氣候保護，可以舉戶外活動衣著製造商巴塔哥尼亞公司（Patagonia）為例。創社人依馮．喬伊納德家族將全部的所有權轉讓給兩個基金會，將來不再投入公司營運的部分營利全部被投入大自然及物種保護，以及用於對抗氣候危機，每年可達一億美金。

但改變不必總由企業領頭，貝克．亞歷山大認為每個人都能有所貢獻，因為終究還是同樣的原則：所有的勞工都要一起參與，同時運用他們的力量，好拉著僱主一起做。貝爾特斯曼基金會（Bertelsmann Stiftung）的經濟專家克里斯提安．席歇爾（Christian Schilcher）也抱持相近看法：「企業內部的變革貫徹之後，不可能不對勞工的工作產生後果，」他說：「要是我們認定德國經濟正處在轉型的起點，那麼可預期勞工的工作場所還會有更多變化。」

因為我們知道必須做什麼：我們知道如何減少石化燃料，擴充再生能源，問題在於如何能使這些氣候解方盡快在全球散播開來，以取代我們「一切照舊」的立場。「我們必須將資金朝著解決氣候問題移動，必須改變企業的策略，他們是全球溫室氣體的最大排放者。」貝克．亞歷山大說：「我正抱著希望，而且並非因為企業領導人產生動搖，這方面雖然有急速的路線轉變，但是其中原因在於企業裡的員工讓轉變發生。」

貝克．亞歷山大相信，如今每個工作都可以是「氣候工作」：「我們所有的人——所有的勞工、公民、人類——都可以承擔責任，好改變歷史進程，不管是在工作崗位上，在經濟上，以及世界其他地方。」對某些人而言，他們職業上的氣候因素相當顯而易見，好比因為他們的工作是安裝太陽能板、熱泵，或是經營永續農業。隨著氣候變遷產生新的職業圖像，所謂的「綠色工作」，比如在再生能源、永續建築或大數據等領域。同時有許多職位消失，好比在煤礦業或汽車製造業，這會帶來痛楚，但也不是人類第一次身處這種轉變之中。重要的是獲得支援：人們接受再教育和進修。未來工作也要讓人能好好生活。但是沒有「綠色工作」的人怎麼辦呢？他們也可以做出貢獻。「經濟每個面向都必須改變，」貝克．亞歷山大說：「因此經濟每個領域和每種資格都舉足輕重。」她建議就所處環境戴上「氣候眼鏡」。

具體能如何進行，亞馬遜是個例子，該公司有一群員工在二〇一七年就聯合起來，以促使企業做出更多氣候保護。以「亞馬遜雇員氣候正義聯盟」（Amazon Employees for Climate Justice）之名，他們寫了一封公開信給亞馬遜創辦人，也是當時的總裁傑夫・貝佐斯（Jeff Bezos）。貝佐斯是全球最富有的人之一，亞馬遜屬於全球最大企業，二〇二一年該公司營業額將近四千七百億美元。在公開信當中，他們要求亞馬遜提出氣候計畫，清楚地對談企業如何降低對氣候的影響。例如，集團應該在二〇三〇年之前將排放量減半，二〇五〇年降到零排放。超過八千七百名員工簽署這封信件。這封信的立論相當有意思：亦即以亞馬遜要成為業界創新先驅，使顧客滿意的期盼並且被當成著力點。「我們對顧客的癡迷要求我們對氣候癡迷。」信中寫著：「在我們公司裡，成為『全球最以顧客為導向的企業』讓我們深信，我們對氣候的影響必須在我們所做的一切工作中扮演主要角色。」

這些要求以正式建議的形式，於二〇一九年五月的亞馬遜大會上被宣讀。傑夫・貝佐斯表明反對。雖然這項提案獲得百分之三十的支持，但沒有獲得通過。但是，為了氣候的奮鬥在公司內部延續：超過一千五百名員工在二〇一九年九月二十日參加全球氣候罷工，這是亞馬遜史上第一次在集團內有知識工作者罷工。他們聯合其他科技企業的員工，谷歌、微軟、臉書、推特等。罷工前一天，「亞馬遜雇員氣候正義聯盟」得以宣布好消息：傑夫・貝佐斯宣布亞馬遜的第一項企業全體的「氣候保證」（Climate Pledge）：二〇四〇年前，企業將達成碳中和。除此之外將定期公開亞馬遜排放多少氣體。不過其中完全沒有提到氣候正義：氣候危機對有色人種及原住民社區的打擊最為沉重，尤其是對南半球的居民。如何使這個地區趨向降低環境污染的點子，以及如何能夠支援當地社區的想法——這些是員工的要求，但完全沒有出現在亞馬遜的計畫裡。

其他科技企業集團在過去幾年也發表了氣候計畫：谷歌將在二〇三〇年

前完全使用淨排放的能源運作，同時再度平衡水消耗量達百分之一百二十。微軟要在二〇三〇年前達成二氧化碳負排放，也就是從大氣中移除企業成立以來排放的二氧化碳。來自企業內部的壓力擁有可測量的效果，「你永遠不會知道，你會有哪些影響力，能掀起什麼樣的波瀾，不僅在你自己工作的企業裡，也包括在其他企業當中。」亞馬遜雇員氣候正義聯盟共同成立者之一愛蜜莉．康寧漢表示：「我想強調，我們只是很普通的人，我們是從客廳的五個人開始的。」聽起來像是個好結局，對吧？高興得太早了，因為最後康寧漢以及另一名投入氣候保護的亞馬遜員工被辭退。他們對於公平和氣候保護的努力，其代價終究是自己的工作。

（還沒那麼大的）氣候辭職潮

還有其他人因為氣候因素離職，但並非被迫離職。大離職潮有另一個視角：氣候危機。具備媒體效應的辭職數升高，常是高階員工離開不夠投入氣候議題的公司。張達隆（音譯）離開擔任工程師工作了十六年的艾克森美孚公司（ExxonMobile），長時間以來他以為公司會扮演先驅角色，可有助於減少石化能源來源。當他注意到公司沒有這麼做，他就辭職了，他說：「一旦有機會把事情做得比較好，我不想把剩餘的職業生涯浪費在讓我覺得會破壞世界的事情上。」荷蘭皇家殼牌（Royal Dutch Shell）的好幾個高階主管離職，因為這家石油集團不想盡快轉換成淨排放的能源型態。羅比．畢爾斯蘭在歐洲及中東的海上鑽油台工作了五年，他辭去工作，因為工作不再契合他的良知。還有其他行業也失去人力，因為他們的能源策略轉換不夠快。尤金．克爾皮丘夫曾在谷歌大數據及機器學習部門工作，他寫了一封電子郵件向同仁辭行，其中寫著：「我離開了，因為氣候變遷的規模、迫切性和悲劇是這般巨大，我再也無法說服自己，直到這些情況解除之前，我無法做其他的事情，不管多有趣、多有利。我要是不說其他有特權這麼做的人應跟隨我，那麼我就是說謊。」

氣候保護變成競爭優勢，不夠投入則引起員工反彈。公司內部的人一旦意識到自己的力量，能夠在當下就做出改變，對企業甚至整個業界應跟上腳步的壓力就升高。要是辭職不僅有公眾效應，還由知名人物說出口，就越能產生上述效果。好比塞巴斯蒂安．維泰爾（Sebastian Vettel），一級方程式賽車世界冠軍，他在二〇二二年宣布賽季結束之後將退出職業賽車生涯。他在一段宣布結束職業生涯的 Instagram 影片當中表示，他熱愛這種運動，但是他想要有更多時間陪伴家人，看著他的孩子醒來。氣候危機似乎也影響他的決定：「我們生活在一個急遽變化的世界，」維泰爾說：「我們接下來幾年如何進行，將決定我們未來的生活。成為一級方程式賽車手伴隨著一些我不再喜歡的事情。也許這些事情總有一天會解決，但是貫徹這些改變的意志必須更加強烈，而且在今日就激發行動。空談不再足夠，我們已經負擔不起空等。」他接受德國《時代週報》訪問說：「我從某個時間點開始感到羞愧，我的工作增加對環境的負擔，而且至少無能阻止。」

當然個人的解決方式並不足夠，氣候危機是真正的改變必須是系統性改變的最佳例證，由政治推動，而且每個人一起承擔。但這並不意味著改變不能從內部形成：從企業或行業內部開始，由要求更進一步的從業人員提出。就像爭取比較好的工作條件一樣，組織起來的人就有機會參與轉變，把事情朝比較好的方向改變。

要是我們不要為了夢幻工作做到死會怎樣？

激勵人們對更偉大意義的追尋，他們在就職的企業裡致力於要求更加保護氣候，或者因為氣候危機而辭職，這種追尋推動一整個世代。「目的」（Purpose）成為企業溝通的新關鍵字，不僅涉及企業如何製造產品，或是哪些任務是工作的一部分，還涉及更重要的東西：價值、意義以及有所貢獻的感覺。是什麼推動我，我想改變什麼，以及這個工作能對此提供何種協助？或是換句話說：我為什麼要做這一切？

「週五為未來而戰」（Fridays-For-Future）[12]世代知道，我們已經深陷氣

12 最早於二〇一五年開始的學生抗議行動，呼籲政界投入緩解氣候變化。

候災難之中，現在就必須做出改變——工作世界也一樣。他們深信多元和包容，並對企業提出要求。他們不再想要只為了工作而勞動，而是想藉著工作達到比自身更重要的目標。幾乎每五個年輕人就有兩個——Z世代和千禧世代——曾經因為個人道德觀拒絕某個工作或企劃。他們對自己工作的企業期盼發揮更多社會影響，創造比較多元和包容性的環境，以及多投入永續。未來不正視這些事項的企業將不容易找到優秀的人力，沒有優秀的人力，企業很快也就沒剩下什麼。

聯合國秘書長安東尼歐・古特瑞斯（António Guterres）在一場演說當中甚至呼籲大學畢業生對職業生涯做出有意識的決定：「你們必須是成功處理氣候變遷下地球緊急狀態的世代，」他說：「你們的天賦受到跨國企業和大型財經機構的歡迎，你們會有許多可選擇的機會。我給你們的訊息很簡單：不要為摧毀氣候的人工作。運用你們的才能，將我們導向可再生的未來。」

除了追求更多「目的」的趨勢之外，我們還看到第二個P特別成為年輕人選擇職業的動機：熱情（Passion）。跟隨你的夢想！要是你真的熱愛你的工作，你生命每一天根本都不像在工作！你必須做讓你快樂的事情！或者，如蘋果電腦創建人史蒂芬．賈伯斯在他二〇〇五年對史丹佛大學畢業生的知名演講中所說：「你們必須找到自己所愛的事物，你們的工作將填滿生命的一大部分，讓你真正滿足的唯一途徑是知道自己可以承擔偉大的工作。為了承擔偉大工作的唯一途徑是熱愛自己所做的事。要是你們還沒找到，繼續尋找。不要以稍次的為滿足。就像一切涉及內心的事情，一旦你們找到這樣的事，你們會認出來。」

但是所有這些關於對工作的熱情與熱愛都正確嗎？我們要是沒有帶著熱情工作就真的不幸福嗎？我們把工作和熱情擺在一起談論根本是最近的事，社會學家艾琳．切赫（Erin Cech）在她的著作《激情的麻煩》（*The Trouble with Passion*）中如此表示。在十九世紀晚期，以及在二次世界大戰之後，穩定和經濟安定是職業選擇最重要的因素。理想中，人們長期保有工作，不錯的薪資，之後有豐裕的退休金。直到一九七〇年代這個要求才慢慢改變，至少對某些優勢族群而言。如今似乎已經完全改變。

對千禧及Z世代而言，職業上的熱情是個巨大的課題，而熱情和意義非常緊密相扣。我們的熱情，切赫表示，是自我認知的一部分，不是隨便偶然形成，而是受到我們社會地位、經驗和所處環境的影響。對自己的工作抱持熱情的人，覺得工作有智識上的趣味，或是有吸引力，感受到興奮、喜悅或幸福，感覺到個人羈絆，也就是覺得工作適合個性。

切赫為自己的著作訪問具備或不具備大專學歷的職場新鮮人。將近二分之一大專畢業的受訪者認為，他們必須決定是否接受新工作的時候，對工作的熱情和興趣是最重要的因素。只有百分之二十認為薪水是決定性要素。相反地，對沒有大專學歷的人，財務穩定性比熱情重要，他們比較不能承擔寄託自己的熱情於工作。屬於邊緣族群的人也必須把熱情排在後面，尤其是在富裕的工業國家以外：在孟加拉最惡劣環境下縫製廉價衣服的人，根本無法開始思考潛在的職業熱情。所有那些做著兩、三項工作好勉強餬口的人也一樣，這並不意味不能在這些工作中談論意義和熱情。「大猩猩」給外送員的手冊裡寫著：「我們是全身心的自行車外送員，對自行車的愛是我們整個企業的條件。」不久前，我在一份機場徵洗碗工的啟事上看到下列描述：「你非常重視餐具的清潔，那麼你就來對地方了。」

原則上，熱情和意義要是和工作一起出現，代表著同一個問題，因為我們為職業犧牲奉獻，為的要不是良好目標就是對工作的愛，接受惡劣的工作條件，低薪，或是過長的工時。所以目的和熱情不過是陷阱，誘使我們工作到倦怠——說服我們，我們應該因此感到幸運和感激。

熱情工作的人經常受苦

熱情和犧牲意願也經常使照護人力或是教育人員工作到過勞：「病人要是沒有你該怎麼辦？」、「要是你不在這裡就沒有人照顧孩子們。」、「老人家會非常想念你。」通常就是這些和意義相關的話被僱主當成論點，好讓員工加班或縮短休息時間，這會隨著時間對健康和福祉產生負面效應。熱情工作的人比較常接受限期或無薪的職位。切赫表示，僱主會以企業利潤之名濫用「員工的熱情」。

只有熱情和意義不足以讓人在工作中真正感到快樂，這點也可以從貝琳達的例子看出。她二十五歲上下，讀醫學系七年，這是她小學時就有的夢想。她想當整型外科醫師，想把一部分的時間獻給國外的燒燙傷患者，在納米比亞或厄瓜多，她曾在該地工作了幾個星期。目前她是已經受到核可的醫師，但是學程結束之後，想先暫別醫學。

貝琳達曾在德東一家大型大學醫院實習，她的夢想在此破滅。「我在那裡工作，想著，我絕不要做這個工作。」她說：「你整天都在那裡，做任何可能的事情。沒人有時間投入學習，因為大家的壓力都超級沉重，而且手邊有想像不到的繁多事情要做。」日子很漫長，有時她要在手術室裡連續站七個小時，沒有休息，沒有上廁所，也沒有喝任何東西。

他們每個月領到四百歐元，一份根本無法維持生活的薪水。像在大學時代一樣兼差並不可能，她晚上回到家已經筋疲力竭，因為整天的工作而癱瘓，而且「通常極端沮喪」，她敘述：「我甚至沒興趣和男朋友聊聊一整天怎麼過的，我只想躺在沙發上。」她持續受到刺激，他們的關係受損，個人舒適感也受挫。

當然也有美好的日子，她在當中學到新東西，好比得以嘗試些什麼，獲得樂趣，「可惜這些日子遠遠少於我回到家沮喪不已的日子，因為我不想承認這不是我終生想做的事。」她目前沒有繼續在醫院工作，以及後來暫時為一家初創公司工作的原因很多：僵化的階級制度，缺乏人手。醫生和照護人員之間惡劣的氣氛，週末值班，假日值班，極端超時工作。主管職位不以領導資格調度，而是看關係以及所能引進的研究資金高低。她說：「我有種感覺，醫療業是唯一還不了解員工滿意度有多重要，以及工作能因此做得好上許多的行業。」

我在蒐集醫界勞動資料過程中所遇到最荒謬的是二十四小時值班，導致「負工時」——是的，沒看錯，請各位讀者想像一下，貝琳達早上八點開始上班，直到第二天早上八點都在醫院工作。最初八小時是她的一般工作天，之後她「只是」待班十六小時。理論上意味著她可以去睡覺，只在有需要的時候被叫喚，實際上卻不是這樣。運氣好的話，她可以睡幾個小時，其他時間如常工作。第二天早上，貝琳達回家，接下來一整天她休息，因為單以法律來看，在值班二十四小時之後，必須享有至少十一個小時不中斷的休息時間。但愚蠢的是這個休息日（當天早上她還在醫院裡工作）造成她有八個小時的負工時，畢竟她這天並未正式上班，是的，沒看錯：可說工作了二十四小時反而讓人受到處罰。

根據醫師組成的馬堡聯盟（Marburger Bund）的成員問卷，二〇一九年有四分之三的受訪醫師覺得工時設計損害他們的健康，將近一半覺得經常負擔過度，大約百分之二十考慮換職業。超過三分之一的人每天至少花四個小時在管理工作上，二〇一三年的相關數據只有百分之八。此外，醫療人員和一般民眾相較之下的自殺率提高了：男性醫師的自殺率提高百分之二十六，女性醫師提高達百分之一百四十六。

「你就是不能每週工作八十小時，沒有人能長期這樣做下去。」貝琳達表示。取而代之地，需要不同的工時模式，經過規劃的工作時間附帶工時測量及休息時間補償。家庭和職業的相容同樣幾乎難以達成：「在醫院裡，沒有人能體諒你的孩子有時會生病。」醫療業人力其實特別迫切需要休息。「有那麼多帶著莫大責任的重要工作，腦子必須清醒，」貝琳達說：「堆疊出這麼高的壓力，把這麼多工作分配給這麼少醫師，這樣行不通，只會導致錯誤。」

我問貝琳達需要什麼才會留在醫院裡工作，她說：「很簡單，要多些醫師。」光是醫科入學名額就太少，到處都在節省：太少照護人力，每個醫師照顧的病人數上升，這也和醫院私人化以及統一費率相關，我們討論照護工作的篇章已經提及。貝琳達說：「不能病人數增加，醫師數量卻維持不變，減少照護還期待一切繼續運作，長期下來就是行不通。」目前她為自己找到一個解決方式——至少中期可行：她現在是一家診所的助理醫師，兼職工作。這份工作帶來樂趣，而且每週雖然要工作三天，她還是有足夠的自由時間。她對我說：「比起在醫院，我現在更有動力，那麼偶爾一天工作久一點或累一點也沒那麼糟糕。」可惜她不能把所有的時間都用來當助理醫師：「到了某個時間點我還是免不了回到醫院工作，因為學程某一部分只能在醫院完成。」在這之前，貝琳達還在尋找其他可能性，讓工作能和生活更和諧一些，畢竟成為醫師依然是她的夢想。但是她並不願意為此放棄許多事情，因為沒有任何夢幻工作應該讓人做到生病又不快樂，只因為這個工作有意義。

熱情和意義是陷阱

熱情和意義最終只是個人觀點，被拿出來要求員工多工作。把「目的」和「熱情」推到前面的人，就不必解決結構性問題。要是貝琳達對工作投入更多熱情，那麼即使工作條件不好，她還是會留在醫院裡工作——粗糙的論點。哪種工作會比醫療業更讓你感受到意義？

要是自己的工作能帶來樂趣當然很好，我們的確想從工作找到意義。未來，能帶給員工真正價值的企業將居於領先地位，這意味著要有種指標形象，讓自己的行為有所依從，一些價值如永續、多元、包容和社會貢獻將成為重點。製造越來越多東西，為企業高層帶來更多收益幾乎不會被認為有意義。不能回答企業為什麼做某些事的人不會好過。此外員工越來越團結在一起，好向企業要求比較好的工作條件和氣候保護，這類「目的」和那些只想找到員工，讓他們工作到倦怠，而且為了低薪在惡劣條件下工作，這兩種目的大相逕庭。真正想要有意義地工作的人，也必須能夠好好工作。

我們被磨練成將工作放在生活中心，只要這樣就感覺必須帶著熱情和意義工作。因為，如果不是這樣，我們該怎麼處理我們的時間？我們究竟為什麼工作？不必從職業工作挖掘所有人生意義。我沒事時的志願工作呢？和我的家庭及朋友共度的時間呢？環境保護企劃？有創造性而我想加以實現的點子呢？這一切（以及其他許多）都可以創造意義，即使和工作沒有關聯。而且不，不必將任何嗜好都貨幣化，就為了讓自己隨時感到有生產力。

莎拉．賈菲在她的著作《工作不會回應你的愛》（*Work Won't Love You Back*）的最後一章這麼寫：「工作既不會解放我們，也不會帶給我們自由甚至喜悅。」我贊成她的話：要是工作對我們不再有用，熱情和意義就真的能解決這個問題嗎？我們應該為了對我們重要的事情鞠躬盡瘁，另一方面卻任由企業從我們追求意義的行為獲利嗎？或者我們難道不應該致力於要求對大家都好的工作，不會讓我們倦怠的工作？有好的薪水，提供良好的工作條件，特別是能實現美好生活的工作，讓生活不再只是圍繞著工作打轉？為了夢想工作而工作到倦怠，終究和為隨便某個工作做到倦怠沒兩樣。要是我們想要有意義地工作，我們正好可以透過下列方式找出來：我們一起創造比較好的工作世界，讓我們所有的人都從中獲益。

我們如何擺脫集體倦怠，終於更好地工作

我們二〇五〇年時想怎麼工作？要是一切惡化，我們的未來將充滿湍流，滿是對未來的憂慮、異化以及更多社會裂縫，帶來氣候變遷、乾旱、饑荒和衝突；摧毀企業和工作機會的新科技，不知道這些科技如何利用才對我們有利。這些情境受到政治陣營的形成所影響，還有被推延的決策，直到一切都太遲。許多人因此失業，或是在灰色經濟下工作，必然繼續像今日已過勞一樣工作。我們以為眼下的工作已經敗壞？二〇五〇年的情境，比現在看起來還要更加糟糕許多。此外，這個情境不是我想像出來，而是由數百個國際專家整理出來，並且由貝爾特斯曼基金會發表。

但是二〇五〇年看起來也可以完全不同，要是一切順利，會是完全不同的另一幅景象，我們將活在一個人們多做思考及討論的未來，思考及討論我們想要如何生活，我們抵達凱因斯的烏托邦：人們不再需要為賺錢而工作，經濟變成自主更新的經濟，人們決定他們要如何度過自己的時間，許多人獨立工作；無條件的基本收入，以金融交易、環境負擔及機器人等課稅來支付。生活費用藉助新科技而降低，經濟改革得永續，覆蓋人類的基本需求。我們辦到了。

要是我們在二〇五〇年進入正面情境，我們就解決了職業工作的問題——希望也順便解決了目前和工作相關的許多問題：過度工作、低薪和不公平。我們掌控了金錢與機會分配的問題，將科技運用於創造更多自由時間，而非把我們更緊密地和工作綁在一起。工作雖然還是生活的一部分，尤其是那些樂在工作的人，但不再是生活的重心。美好生活就算沒有工作也能實現：因為做出正確的政治、經濟和社會決策。我們可以自行決定想如何消磨時間，專注在我們真正重視的事情上。但是我們會進入上述哪一種情境，卻不是在二〇五〇年才決定。我們未來的轉捩點要在當下就決定：藉著政治行動，不是嘗試維持過往，而是策略性地朝著未來進行；藉著經濟行為，不再只追求利潤，而是重視永續，維持我們的生活基礎以及公平成為中心點。

以及透過我們：因為我們對工作有不同的想法，因為工作不再是我們生活的中心。藉著工作晉升的夢想已經破滅，那麼又何必為了工作犧牲？我期盼我能透露些招數，能讓我們立即擺脫集體倦怠，從明天開始就生活在未來的工作田園，但我其實也沒有這些招數。不過我可以告訴你們一件事：不是你們的錯！倦怠不是我們自找的，而是被迫的。因此我們必須反彈回去。要是你們疲累又過度工作，這是一個系統性問題。你們不是孤軍奮戰，我們不是獨自面對問題！因此再沒有興趣工作很正常，因為關於工作的想法錯了。因此我們需要的解決方式超出個人的作為。我們必須為此奮鬥，讓我們的權利終於再度受尊重。為了這許多改變，首先需要政治和經濟的框架條件，這是我們能要求的，因為畢竟在這些模糊概念如政治、經濟、勞動、社會後面的正是我們。

新冠疫情使本就壓力沉重的工作的壓力更大，深化不公平。我們試著在生活和工作之間取得平衡，最後失敗了。這也因為工作世界不是從二〇二〇年才開始崩壞。企業在過去幾十年盡力節省成本：那麼少的人力，固定的工作合約，並且盡可能投資，好將總裁的薪水和持股極大化。政治在這幾十年來都提供企業支援，對許多公共基礎建設也施以同樣作為，為的只是讓許多人都有工作，不管是怎麼樣的工作。不僅人們因此陷入困境，世界氣候也一樣。企業可以負擔這種行為，因為當時對工作的需求大於釋出的職位。但是這一切已經改變：專業人力缺乏加劇，氣候危機也更嚴重。權力關係翻轉，我們必須加以利用。

我知道我們每個人都很累，沒有人還有興趣再扛起什麼。但是工作不必像目前的樣子，不必讓我們工作到壞掉。那麼就讓我們著手改變如何工作。

我們可以從哪些地方開始，已經在前面的章節說明。在此我還想提出兩個特別重要的觀點：金錢和時間。在我們還沒解決經濟問題，也就是金錢分配的問題之前，我們也不能解決工作的問題。人們必須賺取足夠的金錢，不是剛好夠維生，而是能藉以過著良好且有尊嚴的生活，不必擔心未來。比較好的薪資也有助於緩和許多行業的專業人力缺乏，至少在短期內：因為這些職缺通常是薪資不好的工作，再也沒有人想從事的工作。這不是問題，而是良好且合理的發展。同時我們也必須向前展望，思考我們如何能確保社會上的經濟不平等不會繼續惡化，特別是當未來的工作會減少。給所有人的保障，好比基本收入，會是唯一可能的長期解決方式。

此外我們必須終止過度勞動的文化，奮鬥文化不會拯救我們！持續超過自己的界線工作，就為了不要錯過截止日期，還被視為「酷」或「有生產力」，不能這樣。不要工作越來越多，必須集體減少工時。接下來幾個月、幾年，我們還會在全球看到更多試辦計畫，證實比較短的工時會讓我們比較快樂，比較健康，在自己的職位上甚至更有生產力。歷史上，工會曾為了較短工時而奮鬥，它們現在又將再度扮演重要角色——正如我們從冰島所見。工會過去奮鬥的終點是告別每週四十工時。我們必須投入為縮減工時而努力，讓我們除了工作之外還能有美好生活。我們必須從經濟富裕轉向時間富裕，我們花時間好好生活，做那些令我們滿足而且和工作沒有關聯的事情。此外我們還要讓更多人能享有短暫離職的機會——好比「充電休假」（Sabbatical），每個人都能放一個長假！例如，所有的人工作七年之後可享有三個月的假期，借用育嬰假的模式。這樣的休假不應是能負擔的人的特權，而是每個人都該享有。如此一來才能真正休息，減緩我們的集體倦怠。

人性、公平及氣候保護必須成為新工作世界的重點，我們必須建構一個不再偏頗少數人卻由無薪照護工作來支撐的工作系統。我們必須確保他們不會受到最惡劣的對待，拿著極低的薪水，而我們卻最依賴他們的工作。我們必須將人們的良好生活當成焦點，將氣候保護視為最優先事項，使我們至少還有未來。同時我們也不能被職業的意義及熱情所蒙蔽，它們也導致我們過度工作，一邊還感覺自己別無選擇。

好工作是人權，每個工作都該是好工作。「每個人都有工作的權利，有權自由選擇職業，享有公平及滿足的工作條件，以及免於失業的保護。」這是聯合國決議的普遍人權宣言第二十三章的內容。其中寫著每個人「擁有同工同酬的權利」，以及有權獲得「公平、滿足的酬勞，確保個人及其家族獲得符合人類尊嚴的生活」，還確立「組成工會及加入類似組織」的權利。第二十四章寫著，每個人都「有權得到休息和自由時間」，「特別是合理限制工作時間，以及定期的有薪假」。我們目前的工作方式不僅對我們不好，還損害我們最重要的權利。

因此讓我們要求比較短的工時，更多真正的彈性，適合每個人的公平工作條件，向我們的主管、議員、企業工會提出吧！組織你們的企業員工，加入工會。罷工，致力使企業員工、產業界終於能好好工作，即使我們自己的工作其實沒問題——或說尤其是在這種情況下。我們能展開新的運動，為了讓每個人擁有嶄新、比較好和比較公平的工作。這只是我們二〇五〇年進入正面情境的第一步，並且突破我們目前深陷其中的工作世界。我們所知的職業工作可能很快就成為過去，到那時，我們應該努力讓工作盡可能變好。世界終究已經夠複雜，為何還要讓我們因為工作更難受，超過必需的程度？

我們在新冠疫情危機期間看到，工作世界能如何改變和調適，只要壓力夠高。現在是該由我們提高壓力的時候了。我們如果不這麼做，我們就固化對我們及地球不好、讓我們生病的工作世界；如果我們成功翻轉，工作終究能變成我們所有人期望的樣貌：我們生活（越來越小）的一部分，讓我們滿意又滿足，而非倦怠又沮喪。

致謝

即使本書封面上只有作者的名字，但其後隱藏著許多人的工作，直接或間接做出貢獻，使這本書得以存在、被印刷、運送和銷售，我想對所有這些人致謝。沒有你們和你們的工作，這本書頂多就是個在我腦海盤旋的想法。謝謝！

我特別要感謝：

我的經紀人，西蒙文學代理公司的巫莉克．梅徹爾，從第一天開始就信賴我的想法，整個過程中如此美妙地陪伴我。

我的編輯大衛．魯普，一直鉅細靡遺地協助，讓這本書呈現今日的面貌。

謝謝你總是讓我保持冷靜。

曾在過去幾個月協助我的 Kiepenheuer & Witsch 的其他所有工作人員，特別是尤莉雅・克汝豪爾、馬丁・考夫曼、艾娃・貝茲維瑟爾、孟娜・佛列慶格爾、伊內絲・瓦拉夫、娜賈・施萊柏、伊蓮娜・胡本、瑪拉・戴絲葛朗格絲、史蒂芬妮・瓦克爾、安娜莉莎・金德、伊莉莎白・萊特以及克勞狄亞・維列克。

感謝米里安・布羅青製作封面。

感謝瑪亞・克勞森和她的助手所拍攝的作者照片。

所有向我敘述他們的工作及生活的人，分享他們的故事，向我打開心房的人們，謝謝。曾針對工作這個主題寫作及研究的作者、記者和學術研究者，以及他們的作品、想法和談話曾陪伴我寫作這本書。

我生命中的作者們，他們曾讓我看清我對寫作的感覺完全正常，尤其是梅蘭妮・拉貝、愛莉絲・哈斯特斯、莎拉・舒爾曼、茱莉亞・沃達萬和安娜—

凱特琳．葛斯特勞爾（我的自由業女王）。

讓我保持理性的朋友們，特別是最交好的安妮、丹尼爾、潔西、朱爾、金、路易瑟、史蒂芬、泰亞。我非常高興生命中有你們！

我的家人，我好愛你們。感謝你們在我一生中曾為我所作的事，特別是湯瑪斯和孟妮卡。保羅，我很高興你是我們家族之一。彥斯，你的食物不只一次讓我重回理性。拉爾斯，我期待我的書將被放到你的書架上——沒有比你的書架更美好的地方了。

我在美國的家人，他們只能讀懂本書這兩句話，卻一直是我在遠方的啦啦隊。

爸爸，謝謝你總是相信我，常辭去工作就為了多點時間和我在一起。我想我的工作風格來自於你，我很高興是你的女兒。

媽媽，我為一切而感謝妳，尤其是我對書籍的愛。謝謝妳總是陪著我。謝謝妳為我創造可能性所作的一切。這本書獻給妳！

我的丈夫克里斯提安，謝謝你貢獻的書名，謝謝你安撫我、倒茶給我，在我（還一直）坐在書桌旁的時候煮晚餐。有志者事竟成！沒有比你更好的首位讀者。

國家圖書館出版品預行編目資料

世界要完蛋了，我卻還要工作？/莎拉．韋柏(Sara Weber) 著；麥德文 譯 . -- 初版. -- 臺北市：平安文化有限公司, 2025.3
面；公分. -- (平安叢書；第835種)(我思；26)
譯自：Die Welt geht unter, und ich muss trotzdem arbeiten?

ISBN 978-626-7650-15-8 (平裝)

1.CST: 工作心理學 2.CST: 工業心理學

176.76 114001433

平安叢書第835種

我思 26

世界要完蛋了，我卻還要工作？

Die Welt geht unter, und ich muss trotzdem arbeiten?

作　　者—莎拉．韋柏
譯　　者—麥德文
發 行 人—平　雲
出版發行—平安文化有限公司
臺北市敦化北路120巷50號
電話◎02-27168888
郵撥帳號◎18420815號
皇冠出版社(香港)有限公司
香港銅鑼灣道180號百樂商業中心
19字樓1903室
電話◎2529-1778　傳真◎2527-0904
總 編 輯—許婷婷
副總編輯—平　靜
責任編輯—陳思宇
美術設計—江孟達、李偉涵
行銷企劃—鄭雅方
著作完成日期—2023年
初版一刷日期—2025年3月

法律顧問—王惠光律師

讀者服務傳真專線◎02-27150507
電腦編號◎576026
ISBN◎978-626-7650-15-8
Printed in Taiwan
本書定價◎新臺幣380元/港幣127元